F

法治发展综合评估项目成果蓝皮书

FAZHIFAZHAN ZONGHE PINGGU XIANGMUCHENGGUO LANPISHU

中 国 法 治 发 展 战 略 研 究 文 库

2013年度
法治发展综合评估
项目成果蓝皮书

徐汉明　徐建波　李　勇　赵　信　编著

中南财经政法大学法治发展与司法改革研究中心暨湖北法治发展战略研究院
检察日报
人民检察杂志社
正义网

知识产权出版社
全国百佳图书出版单位

图书在版编目（CIP）数据

2013年度法治发展综合评估项目成果蓝皮书／徐汉明，徐建波，李勇，赵信编著．北京：知识产权出版社，2014.10

（中国法治发展战略研究文库／徐汉明主编）

ISBN 978-7-5130-3035-9

Ⅰ.①2… Ⅱ.①徐…②徐…③李…④赵… Ⅲ.①社会主义法制-评估-白皮书-中国-2013 Ⅳ.①D920.0

中国版本图书馆CIP数据核字（2014）第225551号

内容提要

本书是第二次年度法治发展综合评估成果总结，以2013年度中国法律制度建设、法学理论研究成果、典型法治人物与法治案例为视角，从综合报告、评估实施、成果专题、综合发展四个部分，对2013年度中国法治发展状况进行综合评估。全书旨在真实呈现2013年度我国社会法治状态，揭示法治运行规律，反映法治建设最新成就，展示法学研究前沿成果，褒扬法治建设典型人物。同时对2014年度加强法治建设提出有效性建议。本书对推进中国法治发展与司法改革建设具有深远意义。

责任编辑：刘　睿　文　茜　　　**责任校对**：韩秀天
文字编辑：文　茜　　　**责任出版**：刘译文

中国法治发展战略研究文库
2013年度法治发展综合评估项目成果蓝皮书
2013 Niandu Fazhi Fazhan Zonghe Pinggu Xiangmu Chengguo Lanpishu
徐汉明　徐建波　李　勇　赵　信　编著

出版发行：知识产权出版社有限责任公司　　**网　　址**：http://www.ipph.cn
社　　址：北京市海淀区马甸南村1号　　**邮　　编**：100088
责编电话：010-82000860转8113　　**责编邮箱**：liurui@cnipr.com
发行电话：010-82000860转8101/8102　　**发行传真**：010-82000893/82005070/82000270
印　　刷：保定市中画美凯印刷有限公司　　**经　　销**：各大网上书店、新华书店及相关专业书店
开　　本：720mm×960mm　1/16　　**印　　张**：15.5
版　　次：2014年10月第一版　　**印　　次**：2014年10月第一次印刷
字　　数：180千字　　**定　　价**：38.00元
ISBN 978-7-5130-3035-9

“法治发展综合评估项目”受教育部“社会治理法治建设”创新团队（IRT13102）、教育部哲学社会科学研究重大课题攻关项目“司法管理体制改革研究”（14JZD024）基金资助，同时特别鸣谢华永集团、中国农业银行北京市分行、中浩集团、湖北中烟工业有限责任公司、湖北华生房地产有限公司等单位对“法治发展综合评估项目”的鼎力支持。

大国复兴，唯图法治

——在2013年度法治发展综合评估成果发布会上的致辞

（代　序）

徐汉明*

尊敬的各位领导、各位专家、女士们、先生们：

马腾改革路，国展富强图。这是我们共同编织法治中国梦的第二次聚首北京。请允许我代表中南财经政法大学法治发展与司法改革研究中心、代表湖北法治发展战略研究院向尊敬的吴汉东教授、黄进教授、杨灿明教授，向各位领导、来宾、专家学者、实务同仁表示热烈的欢迎，同时向农业银行北京分行、华勇投资集团、福星惠誉、中浩集团、湖北中烟等协办方表示诚挚的感谢。

中国传统农历采干支纪年，天干有十，地支十二，周而复始，循环往复。而今年的2014年，恰逢干支纪年循环的“甲午年”。甲午年对于中国人而言，不可不谓背负着沉重历史的记忆。

120年前，众所周知的甲午中日战争，中国战败。清政府被迫

---

* 徐汉明：中南财经政法大学法治发展与司法改革研究中心主任，湖北法治发展战略研究院院长，二级教授、博士生导师，全国检察业务专家。

签订《马关条约》，割地赔款，主权沦丧。列强掀起瓜分中国的狂潮，中华民族陷入半殖民地化的深渊。

泱泱中华何以沦为刀俎鱼肉，蕞尔小国何以成就国富兵强？时值而立之年的孙中山，通过对历史与现实的中西比较考察反思后，作出了切中肯綮的回答。他在《上李鸿章书》中写道，“窃尝深维欧洲富强之本，不尽在船坚炮利，垒固兵强，而在于人能尽其才，地能尽其利，物能尽其用，货能畅其流”，进而提出“我国欲恢扩宏图，勤求远谋，必仿行西法以筹自强”。

时年，20 岁出头的梁启超同样敏锐地看到了法治对于治国图强的至关重要。他在《变法通议》中写道：“法者，天下之公器也”，并振臂疾呼变法图存，称道“法治主义是今日救时唯一之主义”。

然而，这样的声音在彼时昏庸腐败的清政府统治下，不是被看成书生意气，就是被当做叛贼乱党，遭到禁锢与杀戮。

人们将目光透视西方，体察到了法治及其国运的霄壤之别。

这一年，英国法学家戴雪于 1885 年出版的名著《英宪精义》已经第三次再版。戴雪通过概括英国宪法而提出著名的法治三原则，即：政府权力应受到法律控制；公民自由和权利应受到法律保护；政府与公民受到同样的法律和法院管辖。

这一年，德国着手治理市场经济秩序，起草了世界第一部反不正当竞争法。

这一年，《法国民法典》，这部世界法制史里程碑之作已颁行实施整整 90 年。

同样是这一年，美国的工业产值跃居世界第一，成为头号资本主义强国。对于这个建立不过百余年而能迅速崛起的国家，英国政治家威廉·格莱斯顿的看法是，关键在于它摆脱了殖民统治，建立了法治制度，统一了联邦国家，规范了自由市场，促进了资本发展，理顺了邦州关系，维护了国内秩序，形成了完备的国家治理体系。

从鸦片战争、甲午战争到“五四运动”，不少仁人志士为民族复兴上下求索，始终未能找到良策。直到中国共产党的诞生，马克思主义理论同中国实际相结合，新民主主义革命理论创新和革命道路的开辟，帝国主义、封建主义、买办资产阶级代表的腐朽政权被推翻，人民当家做主的新政权建立，才掀开了中华民族伟大复兴的第一页。

岁月如梭，又是一个甲午年，即国民经济迅速得到恢复的 1954 年，人民政府向世界宣告，一定要把中国建设成为强大的社会主义现代化国家。就是在这个甲午年，共和国第一部宪法诞生，全国人民代表大会制度正式建立，开启了中华民族伟大复兴的新征程。

实践告诫人们，民主法治建设之路必定是迂回曲折的艰巨之旅。十年“文化大革命”践踏法制、破坏民主的惨痛经历，让中国共产党和全国人民无不痛定思痛。发展中国特色社会主义理论，走中国特色社会主义道路，建设富强、民主、文明、和谐、美丽的中国，实现社会主义现代化，成为中国共产党新的时代抉择，成为全国人民的共同意志与共同追求，成为中华民族伟大复兴的新起点。“有法可依、有法必依、执法必严、违法必究”从此作为推进法治中国建设的重要指针，“依法治国”“实施依法治国方略”“法治是治国理政的基本方式”“依法执政、科学立法、依法行政、公正司法、全民守法”，这一次次对科学的国家治理体系和治理能力现代化认识的深化和成熟，将共和国的改革开放、科学发展、法治建设推进到新阶段。

时光轮回，斗转星移。我们迎来了第三个甲午年——2014 年。

当代中国国力显增，首次超越日本，重夺世界第二大国位置。中国道路、中国模式、中国经验、中国形象、中国声音在经济全球化的大数据时代呼之欲出，国人为之欢欣雀跃。但不可忘记，我们在1894年第一个甲午年之前曾是世界超级大国，经济总量占到世界的1/3以上。然而到第二个甲午年的前夕，我们的国力却迅速地衰落，中华民族陷入深重灾难，甚至面临国破家亡的绝境。中华民族百年革命、建设、改革的历史表明，唯有发展完善的中国特色社会主义，唯有推进国家治理体系和治理能力现代化，唯有全面实施依法治国，加快推进法治中国建设，才能实现一代又一代人的中华民族伟大复兴的“中国梦”。

120年前，大清帝国的天朝梦因为封建人治而梦碎甲午。120年后的今天，我们欣喜地看到，中国共产党不断赋予法治在国家战略中的高度和深度，并正以建设法治中国、实现国家治理和社会治理的法治化为目标。这是当代中国社会主义法治建设史上的重大飞跃，是描绘法治中国蓝图的新篇章。新千年世界和平与发展的主题给中华民族的崛起提供了极为有利的发展机遇，也面临诸多挑战和风险。坚定不移地推进依法治国、建设法治国家，推进依法执政、提高治国理政水平，推进依法行政、建设法治政府，推进依法管理和社会组织依法自治、建设法治社会，是新世纪、新时代的重大历史使命。唯有解放思想、深化改革、奋力开拓、敢于担当历史使命，承启历史责任，维护社会公平正义，实现社会安定有序、国家长治久安，才能不断增进人民福祉。可以预料，一个更加自信、更加伟大、更有风范的民族必将展示在世人面前，一个富强、民主、文明、和谐、美丽的中国必将以崭新的姿态展现在国际舞台。

女士们、先生们，感谢大家在这个甲午年与我们一道分享当代中国法治发展的成果。我们欣喜这个项目的设立，衷心祝愿她能成为法治的羊皮卷，记录并展现法治跃动的每一个瞬间。我们必须正视它，评估项目犹如法治建设园地的一株新苗，在生长中还需要社会各界更多的呵护和培育，其自身也要弥补不足，增强社会参与性、把握从海量法治建设成果筛选的代表性与典型性，坚持评估的科学性与公正性，达到评估成果的公正、权威、公信的效果。我们愿意继续与公权力部门、专家学者、社会各界及大众传媒一道携手促进法治中国建设的繁荣与发展。

同时，我们相信，借由此次发布会，法治的共识将伴随着这个甲午年拨动的音符，与你、与我、与他、与国人、与世界汇成强大的和声——中国，您的法治春天来了！让我们共同期待，明天的中国必将成为法治中国！未来的时代必定是法治时代！

谢谢！

2014 年 2 月 22 日

践行法治理念　共创美好明天

杨灿明*

尊敬的各位领导，女士们、先生们、朋友们：

大家下午好！

早春二月、万物复苏。我们聚集一堂，在这里召开2013年度法治发展综合评估项目成果发布会，非常高兴受邀参加这次盛会并致辞发言。在此，我谨代表中南财经政法大学对本次发布会的召开表示热烈祝贺！

“法治比任何一个人的统治来得更好。”古希腊思想家亚里士多德早在西元前350年便已言简意赅地指出了法治的优越性。法治是各国治国理政的必由之路，也是我国全面深化改革的持续动力和重要保障。30多年前，中国执政党敏锐地看到了市场经济与法制建设的必然联系，提出“市场经济就是法制经济”，并大力恢复和加强社会主义法制建设。中国特色社会主义法律体系的日臻完善为改革开放打下了坚实的制度基础，市场经济建设取得举世瞩目的辉煌成就。如今，我国已跃居世界第二大经济体，改革成果的公正合理分

* 杨灿明：中南财经政法大学校长，教授、博士生导师。

配以及经济社会的持续健康发展更需要法治的规范和保障。因此，党和国家再次吹响法治的号角，提出建设“法治中国”的奋斗目标。

法治中国建设是远大而艰巨的任务，既需要理论准备和智力支持，也需要艰难探索和大胆实践，但更需要不断地开启民智民心，凝聚广泛共识，增强社会信心。这就要求高校科研机构走出去，不断地为法治建设鼓与呼，做法治建设的开路者和助推器。对于以法科见长的人文社科高校而言，这是在新时期的历史使命，也是服务社会功能的价值体现。

中南财经政法大学是一所有着深厚人文底蕴和坚实学科基础的高等学府。法学更是历史悠久的传统优势学科。我校在吴汉东校长等历届领导的带领下团结奋斗、历久磨练，取得一系列令人振奋的成就。近年来，我校尤为重视服务社会功能的发挥，要求科研平台紧贴地气，以国家和社会重大现实需求为导向开展科学研究和社会活动。法治发展与司法改革研究中心是我校精心打造并寄予厚望的一张智力服务品牌。徐汉明主任带领的中心团队善于开拓创新，创造性地开展工作，发展迅速、成绩斐然，开创了我国新型法治智库建设的“中南模式”。从2012年开始，它与检察日报社、人民检察杂志社和正义网携手开展“年度法治发展综合评估项目”并于结项后举办成果发布会，以反映法治建设最新成就，展示法学研究前沿成果，褒扬法治领域典型人物，盘点法治实践经典案件，吸引了媒体聚焦报道，引起了各界广泛关注，凝聚了全民信心共识，产生了良好社会效应。项目活动的开展紧跟法治“全面推进”和“加快建设”的步伐，可谓恰逢其时、意义重大。

我们热切期待“年度法治发展综合评估项目”能不断完善项目评估和成果宣介，扩大传播力；准确定格法治建设的生动侧面和真实面貌，提升公信力；持续输送法治中国的理想信念和价值观念，形成影响力，成为中国法治建设、发展和评估的品牌阵地。

各位同仁，我们的事业是正义而崇高的事业。在当前全面深化改革、建设法治中国的关键历史时期，我们的使命尤为光荣，责任尤为重大。让我们齐心协力，共同推动法治中国建设，开创更加美好灿烂的明天，迎接法治时代的到来。

预祝发布会圆满成功，祝大家马年吉祥，幸福安康！

谢谢大家！

2014 年 2 月 22 日

继往开来　再续辉煌

——2013年度法治发展综合评估项目开展情况介绍

赵　信*

尊敬的各位来宾，女士们、先生们：

大家下午好！

今天我们聚集一堂，共同见证2013年度法治发展综合评估项目成果发布会，是共铸法治中国梦之举，是对法治中国建设的热情支持。首先，我谨代表检察日报社、评估项目组委会向各位与会嘉宾的到来表示热烈的欢迎和诚挚的感谢。

刚刚过去的2013年，是不平凡的一年。在中国梦的引领下，我们的法治步履铿锵有力：修改后的刑诉法、民诉法全面贯彻实施，深刻影响司法实践；消费者权益保护法、旅游法、食品安全法等相继修改，更加突出对民生民利的法治保障；法治反腐成效显著，法治思维日益成为反腐败体制机制创新的核心推动力；中共十八届三中全会明确提出，推进法治中国建设，深化司法体制改革，加快建设公正、高效、权威的社会主义司法制度，让人民群众在每个司法

---

* 赵信：检察日报社副总编辑。

案件中都感受到公平正义。一幅幅生动的法治建设画面，共同构成美好中国梦的壮丽篇章。

2013年的这个时候，2012年度法治发展综合评估项目成果发布会成功举行，取得了良好的社会效果，受到社会各界的广泛关注。这让我们备受鼓舞而又信心满怀。为真实呈现2013年我国法治发展状态，宣传和表彰在法治中国建设过程中成绩突出的先进典型，激励法学专家学者深入研究法学理论，推动社会公众践行法治，中南财经政法大学法治发展与司法改革研究中心与检察日报、人民检察杂志社、正义网、中国农业银行北京市分行、华融建信投资（控股）集团共同开展2013年度法治发展综合评估项目活动。评估项目共设立5个单项，分别是：2013中国十大法律制度建设成就、2013中国十大影响力法学理论研究成果、2013中国十大影响力法治人物、2013中国十大影响力法治案例与2013中国十大法治新闻。

其中，十大法律制度建设成就，强调制度建设对推进我国民主与法治建设所发挥的积极作用，具有里程碑式意义；十大影响力法学理论研究成果，重在突出学术思想性、权威性、创新性；十大影响力法治人物，意在寻找用实际行动彰显法治和正义的力量的先进典型；十大影响力法治案例，则是要遴选能够引起社会广泛关注，影响甚至改变人们的生活与观念，推动制度变革的典型案件；十大法治新闻，关注的主要是对社会生活产生积极影响，对推进国家民主与法制建设、弘扬法治精神产生积极作用的法治事件。

年度法治发展综合评估项目设立组委会，统筹规划、指导评估活动的具体开展。各单项项目均确立责任人，按照过程控制、持续推进、责任承担的方式，由项目责任人实行项目管理。同时，法治发展综合评估项目成立专家评审委员会，对各项目参选成果进行专业评审。为提高评估活动的权威性，在对5个单项评估项目入选对象设置评估标准的基础上，采取项目组遴选、专家推荐、评审与项目组统筹负责相结合的方式确定项目结果。2013年12月，项目评选活动启动后，各单项评估项目组依据评选标准，邀请专家参与推荐，积极提出预选方案。组委会办公室于2014年1月26日提出各单项评估项目初选结果名单。随后，专家评审委员会对初选结果进行专业评审。2月13日，经全面衡量初选结果及专家评审意见，组委会最终确定了各单项项目评选结果，并开辟专题，在正义网隆重推出，予以公示。

纵览入选的项目成果，既有深刻影响社会变革的法律制度建设成就，又有彰显法学理论突出成果的影响力法学理论研究成果；既有用实际行动诠释法治力量的影响力法治人物，又有能够培育公众的法律信仰的影响力法治案例，还有记录法治发展坚定步伐的十大法治新闻。

在此，我们要特别感谢参与项目评审活动的各位专家，你们以其自身专业特长和对法治进程的深切关注，对项目活动给予鼎力支持；同时也要感谢广大网民的热情关注和积极参与，这让我们相信，对于法治梦的追寻，已成为一种凝聚民心的社会共识；最后还要感谢组委会全体成员的辛勤劳动，你们对工作的勤恳专注保证了评选活动的有力实施。

关山初度路犹长，法治发展未有期。法治中国的实现，得益于诸位专家学者、商界精英的积极参与，离不开法律人、媒体人的鼓与呼，有赖于全体公民一点一滴的努力。年度法治发展综合评估项目亦将持续展现微观法治推动宏观法治、具体法治迈向整体法治的美丽图景。

衷心祝愿2013年度法治发展综合评估项目成果发布会取得圆满成功!

谢谢。

2014年2月22日

在2013年度法治发展综合评估项目成果发布会上的致辞

李　勇*

尊敬的各位领导、各位来宾，女士们、先生们：

大家下午好！首先，我对中南财经政法大学法治发展与司法改革研究中心及我国法治建设领域一年来所取得的最新成果表示热烈祝贺。2013年对于我国法治建设来说是十分不平凡的一年，在党中央、国务院的坚强领导下，法治建设和反腐败斗争向纵深开展，查处了一批在社会上有广泛影响的大案要案，社会风气大为好转，人民群众感到由衷的高兴，这一切都将在我国法治建设史上留下浓墨重彩的一笔。

在这样的大背景下举办法治发展综合评估项目成果发布会具有很强的现实意义，为全面呈现2013年我国社会法治状态，揭示法治运行规律，反映法制建设最新成就，展示法学研究前沿成果，褒扬法治建设典型人物，推进中国法治发展与司法改革建设提供了一个坚实且有效的平台。

---

* 李勇：全国政协委员、中国检察官教育基金会副理事长、华永投资集团董事局主席。

华永集团是一家大型综合投资类企业，它是中国投融资联盟和中国欧洲经济技术合作协会副理事长单位，还是商务部进出口百强企业和中国房地产业 50 强企业。目前，集团员工总数达 20 000人左右，投资遍布国内的 16 个省市及境外的 12 个国家。集团投资领域广泛，业务涉及房地产开发、酒店建设与管理、矿产资源开发、高速公路、高科技、工业制品生产、农牧业种植与养殖、金融机构与市场投资、能源的综合开发与利用、进出口贸易、文化媒体经营等诸多领域，旗下已有多家企业先后在境内外证券市场成功上市。

华永集团的成长壮大一直伴随着公益活动的参与。做企业，我认为很重要的一点就是要有社会责任感，企业的财富取之于民，也应用之于民。在企业力所能及的范围内进行一些捐赠是一个企业成熟的标志之一，也是增强企业凝聚力和提升企业形象的重要措施。我们在教育领域和司法援助领域进行了持之以恒的捐赠，收到了良好效果，例如我们资助的中南财经政法大学法治发展与司法改革研究中心的青年才俊成长工程项目。今后我们还将继续进行下去。

女士们、先生们，中国的可持续发展离不开法治建设，只有从人治走向法治，才能彻底打赢反腐败斗争，才能保证我国社会发展的长治久安。最后预祝本次法治发展综合评估项目成果发布会取得圆满成功！谢谢大家！

2014 年 2 月 22 日

目　录

第一章　综合报告篇

第一节　2013年度中国法治发展概览

自1997年中共“十五大”提出要“发展民主，健全法制，建设社会主义法治国家”的目标以来，中国共产党一直带领全国人民致力于实现这一目标。《国民经济和社会发展第十二个五年规划纲要》明确提出民主法治建设任务，开启了法治建设的新纪元。党的“十八大”提出“全面推进依法治国”的重要主题和“2020年全面建成小康社会的民主法治”建设目标，这一目标要求将中国特色社会主义法治建设推向一个崭新的高度。

2013年，是中国法制建设不断健全、法治进程稳步推进的一年。2013年，是中国深化改革的新起点，是全面配套改革需要与全面法治建设相辅相成的一年。在法治建设方面，“十八大”提出法治建设新的“十六字方针”，即：“科学立法、严格执法、公正司法、全民守法”。新十六字法治建设方针的提出，标志着法治中国建设进入了一个崭新的时期。2013年中国法治发展在立法、执法、司法、法治观念、法学理论等方面取得显著成效。

2013年，中国通过不断加强立法工作，科学立法，完善中国特色社会主义法律体系，推进中国特色社会主义制度完善发展和国家治理体系、治理能力现代化。

2013年，中国通过严格执法，规范权力行使，深化行政执法体制改革，保障人民群众权益，严惩违法犯罪行为，维护经济社会秩序。

2013年，中国通过公正司法，实现法治正义，提升国家法治文明程度，维护司法权威与法律尊严，推动法治中国建设的进程。

2013年，法治建设不断取得新成果，法治理念和法律意识逐渐深入人心，中国的法治建设迈入全民时代。

2013年，在法学家不断的交流和碰撞中、在实践的推动和驱使下，法学界不断解放思想，引领中国法学，站在中国社会主义法治建设的前沿阵地，瞄准法治创新发展和法治体系建构完善的前沿问题，找准服务法治建设大局的切入点和结合点，组织开展法治前沿问题研究，促进法治理论研究成果的实践转化，推动法学理论研究与中国法治实践在更高位阶上的完美互动。

一、良好法治环境的营造

2013年，党的十八届三中全会《中共中央关于全面深化改革若干重大问题的决定》（以下简称《决定》）提出“推进法治建设”和“全面深化司法体制改革”，为中国的法治建设奠定了前进的方向和基调，也为中国法治的发展创建了良好的氛围和环境。法治建设进程的推进，需要良好的法治环境提供外部保障。中国法治环境的建立，不仅需要通过切实的法治实践来创造，同时也亟须从理念和观念上营造出良好的法治氛围。《决定》从全局出发，以发展的眼光看待中国法治发展，统帅性地提出中国法治发展的新要点、新观念，对切实做到依法治国，实现建设中国特色的社会主义法治国家的伟大目标具有时代性意义。“推进法治建设”是全面落实“依法治国”基本方略、“加快建设社会主义法治国家”一脉相承、紧密相关的成果，体现了“依法治国、依法执政、依法行政、共同推进法治国家、法治政府、法治社会一体建设”的法治建设内容。“全面深化司法体制改革”，作为全面深化改革法治方面的重要组成部分，对中国特色社会主义法治建设具有关键性意义。公正、高效、权威，是我国司法改革要达到的价值目标；而要实现这样一个价值目标，一个至关重要的前提就是要坚持正确的改革方向。这个改革方向就是中国特色社会主义司法制度。建设中国特色社会主义司法制度为我国的司法改革树立了旗帜，奠定了基调，决定了基本内容。全面深化司法改革，使我国的司法制度坚实地建立在中国国情的深厚土壤中，让我国的司法改革成果惠及人民，实现法治公平正义的价值目标。

2013 年，中国法治建设着力推进法制宣传，营造全民“知法、守法、懂法”的良好法治环境。通过深入推进法制宣传教育，引导公民自觉用法律规范行为，增强公民法治意识。此举旨在打造公平有序的法治环境，营建科学健康的发展环境，形成依法行政的政治环境，创建安定和谐的社会环境，从而助推法治中国发展。

2013 年，中国以“大力弘扬法治精神，共筑伟大中国梦”为主题开展了一系列法制宣传教育活动。活动的开展，使广大人民群众的法制观念普遍提高，做到“知法、守法、懂法”，能够积极运用法律手段维护自身合法权益；使国家各级领导干部的法律意识明显增强，依法决策、依法行政、依法管理的能力逐步提高，为经济社会发展营造良好的法治环境。

二、科学立法的推进

全面推进依法治国，是党的“十八大”报告提出的重要法治主题，是新形势下吹响的法治号角。全面推进依法治国，意味着要在深入推进依法治国方略实施的基础上更上一层楼。全面推进依法治国，迫切需要完备的法律体系为法治提供依据和保障，实现“有法可依”。

2013 年，立法改革着力于为全面深化改革提供法治保障，使重要改革举措能够得到法律授权，让改革按法律程序进行，确保一切改革举措都在法治的轨道上推行。在宪法和法律的框架下，通过包括法律的制定、修改、解释和废止在内的举措，来为改革扫清体制机制上的障碍，保障、引领和推进改革的发展，在新的历史条件下实现更加成熟、更加积极、更加稳妥的全面化改革。

2013 年，全国人大常委会共制定法律 2 部，废止法律 2 部，修改法律 21 部；国务院制定行政法规 6 部，废止行政法规 4 部，修改行政法规 48 部；国务院各部委制定或修改了部门规章 100 余件；有立法权的地方人大和地方政府制定或修改了 700 余件地方性法规和大量的政府规章。这些立法活动从六个方面推动了社会主义法律体系的完善，为法治中国的建设奠定了坚实的基础：一是加强重点领域立法，二是修改与经济社会发展、民主法治建设不相适应的法律法规和规章，三是加强和完善地方立法，四是推动改革重点领域和改革关键环节的立法，五是加强配套立法，六是加强法律法规和规章的执法检查、立法后评估和清理工作。

立法方面：2013 年，十二届全国人大常委会表决并通过了旅游法和特种设备安全法。首次以法律的形式规范旅游者和旅游经营者的相关活动，建立健全稳定、有序、合理的旅游新秩序。通过制定特种设备安全法，加强特种设备安全工作，预防特种设备事故，保障人身和财产安全，促进经济社会发展。其中，全国人大常委会发布的《关于授权国务院在中国（上海）自由贸易试验区暂时调整有关法律规定的行政审批的决定》、"两高"出台的《关于办理利用信息网络实施诽谤等刑事案件适用法律若干问题的解释》、"两高""两部"《关于依法惩治性侵害未成年人犯罪的意见》、"两高"《关于办理危害食品安全刑事案件适用法律若干问题的解释》、最高人民法院《关于人民法院在互联网公布裁判文书的规定》等法律法规入选2013年度中国十大法律制度建设成就。上海自由贸易试验区试点调整法律适用的决定，是我国试图破除制度桎梏的重要表现，有利于法律自由、正义等价值的充分实现。关于惩治网络谣言、保护未成年人免受性侵害、从严惩治食品安全犯罪等规定，则多层面、多角度为中国法治的建设和发展提供制度保障。

修法层面：通过了修改商标法和消费者权益保护法的决定，分两次一揽子打包修改了文物保护法、海洋环境保护法等19部法律。2013年8月30日，第十二届全国人大常委会第四次会议审议通过了《关于修改〈中华人民共和国商标法〉的决定》，根据实践需要，将商标审查、审理和管理工作中一些比较成熟的做法上升到条例中，进一步解决注册商标专用权保护、商标代理等方面的一些具体问题。消费者权益保护法的修订，进一步体现了平等善待消费者与经营者的原则，在权益保护上更加鲜明地向消费者适度倾斜，并对网络购物、权益诉讼、惩罚性赔偿等有关消费者权益保护方面的热点问题作了明确规定，从而规范消费市场，实现对消费者权益保护的加强。文物保护法、海洋环境保护法等法律的修改，是中国特色社会主义文化建设、生态文明建设等多方面、多角度的和谐中国建设的要求和体现。公司法的修订，降低了公司设立门槛，提升市场准入的自由空间，体现市场经济下法治中国发展的时代特色，顺应了历史潮流，符合中国国情的发展需要。

法律废止层面：制度要获得长久的生命力，既要有自我纠错的机制，也要有自我更新的能力。2013 年 12 月，十二届全国人大常委会第六次会议审议了国务院关于提请废止《国务院关于劳动教养问题的决定》和《国务院关于劳动教养的补充规定》的议案，并予以通过。施行了 50 多年的劳动教养制度，至此被正式启动法律程序废止。党的十八届三中全会还提出放开单独二孩政策，在坚持计划生育基本国策的前提下，启动实施一方是独生子女的夫妇可生育两个孩子的政策，逐步调整完善生育政策，促进人口长期均衡发展适应不断发展的社会需求。

2013 年的中国法治发展进程中，法律制度得到了显著健全和完善。但是，在立法中存在有部门利益、特殊群体利益等问题，部门立法争权夺利问题依然存在。国家立法部门化、部门权力利益化、部门利益合法化的现象仍未消除，一些明显带有部门或集团利益痕迹的立法，把畸形的利益格局或权力关系合法化，行政部门借立法扩权卸责、立法不公等从制度设计的基础上影响了社会主义法治的权威和法律的实施。这一系列问题的存在，提醒中国在今后的法治发展中应当始终坚持科学立法、全面立法，并且切实保障宪法和法律得到正确实施。

三、严格执法的落实

严格执法的落实，在中国法治建设中具有基础性地位。严格执法的落实，一方面能够树立执法者公正、积极的正面形象，另一方面也是公众了解法治的一个重要途径。严格执法的落实与政府法治建设密切相关。严格执法的落实程度既有赖于政府法治建设的实现水平，又能反作用于政府的法治建设，推动法治发展。2013 年政府法治建设的推进，主要体现在政府职能的转变、体制改革的深化和行政审批制度的改革以及政府廉政建设等方面。

第一，转变政府职能，增强政府公信力和执行力，建设法治政府和服务型政府。2013 年党的十八届二中全会审议通过了《国务院机构改革和职能转变方案》，将国务院组成部门减少至 25 个。这是改革开放以来第七次机构改革，是备受瞩目的一次重大系统性改革举措，这将推进政府由“全能型”向“服务型”转变。党的十一届三中全会以来，国务院机构经过 6 轮改革，形成了基本适应社会主义市场经济体制的组织架构和职能体系。近 5 年来，国务院机构改革和职能转变取得新进展，行政审批制度改革继续推进，宏观调控体系逐步健全，市场监管、社会管理和公共服务职能进一步加强，一些重要领域管理体制不断完善，大部门制改革迈出重要步伐，政务公开和行政问责力度加大，依法行政取得新成效。通过不断改革，我国行政体制逐步完善，为推动科学发展、促进社会和谐提供了有力保障。法治政府的建设，将政府行为纳入法制轨道，以法律规范执法行为，将严格执法落到实处，切实保障公民的合法权益，建设和谐社会。

第二，深化体制改革，完善行政权力运行机制，合理配置执法资源，切实加强严格执法。深化行政体制改革，创新行政管理方式，增强政府公信力和执行力，是建设法治政府的必要途径。转变政府职能必须深化机构改革。优化政府机构设置、职能配置、工作流程，完善决策权、执行权、监督权既相互制约又相互协调的行政运行机制。政府法治建设，严格将政府公权力控制在法律授权的范围之内，坚持做到“权为民所用，情为民所系，利为民所谋”。2013 年 5 月，召开的国务院常务会议，研究部署了 2013 年深化经济体制改革重点工作，决定再取消和下放一批行政审批事项，并决定，在第一批取消和下放 71 项行政审批项目等事项基础上，再取消和下放 62 项行政审批事项，并依法依规及时公布。深化体制改革，既是实现党的“十八大”描绘的全面建成小康社会，加快推进社会主义现代化宏伟蓝图的迫切需要；也是坚持和发展中国特色社会主义，不断推进中国特色社会主义制度自我完善和发展的必然选择；更是解决我国发展面临的一系列突出矛盾和挑战，实现经济持续健康发展的根本途径。深化体制改革，合理配置执法资源，提高执法效率，保障执法效果，切实做到加强执法、严格执法。

第三，改革行政审批制度，进一步简政放权，科学设置执法范围，严格执法。改革行政审批制度，最大限度减少中央政府对微观事务的管理。市场机制能有效调节的经济活动，一律取消审批，对保留的行政审批事项要规范管理、提高效率；直接面向基层、量大面广、由地方管理更方便有效的经济社会事项，一律下放地方和基层管理。2013 年 5 月、7 月和 11 月，国务院三次决定取消和下放共 221 项行政审批项目，重点是经济领域投资、生产经营活动的项目，包括一些对企业投资项目的核准，涉及企业生产经营活动的许可，及企业、社会组织和个人的资质资格认定等。同时，为了巩固行政审批制度成果，遏制行政审批边减边增、明减暗增，在总结多年来中央和地方行政审批制度改革的做法和经验基础上，国务院于 2013 年 9 月发布了关于严格控制新设行政许可的通知。通知要求，今后起草法律草案、行政法规草案一般不新设行政许可；从保障企业和个人投资自主权、放宽市场准入、降低企业和个人的投资创业门槛等方面，明确了不得新设行政许可的16种具体情形，除法律、行政法规规定外，行政许可一律不得收费；确需新设的，必须严格遵守行政许可法的规定，严格设定标准。推进行政审批制度改革，是提高政府行政能力的有效途径，有助于促使各级政府树立和落实科学发展观与正确政绩观，促进社会主义物质文明、政治文明、精神文明建设与和谐社会建设全面发展；有助于提高各级政府工作人员运用法律手段管理经济和社会事务的能力，妥善协调各方面的利益关系。推进行政审批制度改革，是建设法治政府的内在要求。建设法治政府的核心是促进各级政府依法行政，约束和规范行政权力，使行政权力授予有据、行使有规、监督有效。推进行政审批制度改革，以合法行政、合理行政、程序正当、高效便民、诚实守信、权责统一的要求规范审批权和审批行为，有助于促进法治政府建设，提升执法主体的素质和形象，从内因上为严格执法的实现提供了保障。

第四，加强政府廉政建设，构建清正、廉明的执法主体。在全面推进依法治国的背景下，反腐治权进行廉政建设的工作必须纳入法治轨道，要坚持运用法治思维和法治方式反对腐败。在法治框架下查处腐败，使反腐败斗争走向规范化、制度化，是反对腐败、建设廉洁政治的根本方向。2013年，廉政法治建设方面继续推进权力运行公开化、规范化，进一步加强对领导干部特别是主要领导干部行使权利的监督。加强廉政法治建设，让权力在阳光下运行，防止权力滋生腐败；让权力在法治的轨道上运行，以法律规定的形式将权力的范围明确化，通过法律的权威约束权力的行使。2013年的反腐倡廉工作在中共“十八大”闭幕之后便被提上日程。2013年1月中旬召开的中纪委第二次全会，明确要求各级纪检监察机关把监督“八项规定”精神的贯彻落实作为一项经常性工作，出实招、动真格、见实效，将研究并实施反腐体制机制制度创新。2013年春节前，习近平总书记提出必须狠刹浪费之风，各级党政军机关、事业单位，各人民团体、国有企业，各级领导干部要率先垂范，严格执行公务接待制度，严格落实各项节约措施，坚决杜绝公款浪费现象。2013年11月，十八届三中全会通过的《中共中央关于全面深化改革若干重大问题的决定》也用独立篇章提出要加强反腐败制度保障。《决定》强调，将改革党的纪律检查体制，健全反腐败领导体制和工作机制，改革和完善各级反腐败协调小组职能。2013年12月，中共中央印发了《建立健全惩治和预防腐败体系2013~2017年工作规划》，指出，全面推进惩治和预防腐败体系建设，是党的“十八大”和十八届三中全会作出的重要部署，是全党的重大政治任务和全社会的共同责任，对于坚持党要管党、从严治党，深入开展党风廉政建设和反腐败斗争，推进国家治理体系和治理能力现代化，实现“两个一百年”奋斗目标和中华民族伟大复兴的中国梦，具有重大意义。

第五，加大政府信息公开力度，将行政主体执法情况置于公众视野下，从客观上对落实严格执法形成约束。2013年政府法治建设加大了政府信息公开的力度。根据《中华人民共和国政府信息公开条例》、国务院办公厅《当前政府信息公开重点工作安排》、国务院办公厅《关于进一步加强政府信息公开回应社会关切提升政府公信力的意见》等，2013年政府信息公开工作被摆放到政府法治建设进程中更加重要的位置，与政府各项工作统筹考虑、统一部署、同步推进。2013年政府信息公开加大了主动公开力度，强化了主动公开意识，扩张了主动公开信息量。在采取一系列措施以加大信息公开力度的情况下，诸多成就亦日益凸显：一是信息公开的目录建设更加规范，在集中发布政府信息、提升政府信息获取便利性方面的作用日趋明显；二是增加了主动公开的领域范围，让政府工作不再神秘化和隐形化，有利于树立公众对政务的正确认识；三是政府网站更加重视信息获取的便捷性，以保证信息公开的及时性、迅速性。

四、公正司法的深化

近年来，中国积极、稳妥、务实地推进司法体制和工作机制改革，以维护司法公正为目标，以优化司法职权配置、加强人权保障、提高司法能力、践行司法为民为重点，进一步完善中国特色社会主义司法制度，扩大司法民主，推行司法公开，保证司法公正，为中国经济发展和社会和谐稳定提供有力的司法保障。2013 年，中国法治建设，从政策和决议上给进一步深化公正司法确定基调，从法律法规上为公正司法的深化提供保障，从司法实践中使司法公正的实现得到彰显。

首先，2013 年中国法治建设从政策和决议上给进一步深化公正司法奠定了基础，营造了良好的氛围。2013 年 11 月 9～12 日召开的十八届三中全会，通过了《中共中央关于全面深化改革若干重大问题的决定》，明确提出建设法治中国，“必须坚持依法治国、依法执政、依法行政共同推进”，并指出要深化司法体制改革，“让人民群众在每一个司法案件中都感受到公平正义”。《决定》指明了包括重大决策合法性审查机制、深化行政执法改革、审判检务公开和废止劳动教养制度等内容的司法体制改革的诸多方面。重大行政决策旨在提供重要的公共物品，行使的是重要的行政决策权，决策结果会对社会公益产生重大影响，无疑应当依法而为。建立健全重大行政决策合法性审查机制，推动重大行政决策程序的法定化，有利于将行政决策程序纳入法治进程，规范行政权行使，保障公民权利。行政执法体制既是行政体制的重要组成部分，更是法律实施体制的关键环节。深化行政执法体制改革能否取得显著成效，直接关系到法律法规能否全面正确实施，关系到人民群众合法权益能否得到切实保障，关系到经济社会秩序能否有效维护，关系到依法行政能否真正落到实处。"深化行政执法改革"的提出，是 2013 年中国法治发展的一个重要标志。2013 年，国家继续探索深化司法体制改革的顶层设计和具体的路径，特别是要通过司法的体制改革来努力保障司法独立，是指审判机关和检察机关依法独立行使审判权和检察权。不断提高司法解决纠纷的公正性、权威度和公信力，切实发挥司法作为解决矛盾纠纷最后一道防线的功能。《决定》提出改革司法管理体制，推动省以下地方法院、检察院人财物统一管理，探索建立与行政区划适当分离的司法管辖制度，保证国家法律统一正确实施。建立符合职业特点的司法人员管理制度，健全法官、检察官、人民警察统一招录、有序交流、逐级遴选机制，完善司法人员分类管理制度，健全法官、检察官、人民警察职业保障制度。

其次，2013 年中国法治建设从法律法规的完善上为公正司法的深化提供了重要保障。司法公开、透明是法治的一个核心标志。司法公开是 2013 年司法改革中的热点之一。最高人民法院出台《关于推进司法公开三大平台建设的若干意见》和《关于人民法院在互联网公布裁判文书的规定》，要求从 2014 年 1 月 1 日起，符合条件的法院生效裁判文书应当在互联网全面公布，接受公众监督。最高人民法院建立中国裁判文书网，作为全国法院统一的裁判文书公开平台。地方各级人民法院应当在政务网站的醒目位置设置中国裁判文书网的网址链接，并严格按照《最高人民法院关于人民法院在互联网公布裁判文书的规定》，在裁判文书生效后七日内将其传送至中国裁判文书网公布。这一举措使得司法公开集约化的路径愈发地明朗化，切实保障好作为公众从案件当中感受到公平正义的这一根本出路。同时，深化司法体制改革，坚持和完善中国特色社会主义司法制度，是确保审判机关、检察机关依法独立公正行使审判权、检察权。2013 年中国法治建设的一个重要成果是从法制层面上提出废除劳动教养制度，它是我国依法治国进程的不断加快、各方面坚持不懈的共同结果。它标志着我国法律制度进一步完备，处理违法犯罪的法律不断完善和有机衔接。提出废止劳动教养制度，是贯彻依法治国方略的必然要求，是强化以法治思维和法治方式管理社会的重要体现，是社会发展进步的必然选择，既必要又可行。

再次，2013 年中国法治建设使司法公正在司法实践中得到了彰显。2013 年，薄某某受贿、贪污、滥用职权案，刘某某受贿、滥用职权案，李某某等五人强奸案，海南校长带幼女开房案，浙江张氏叔侄强奸再审无罪案，河北王某某强奸、故意杀人上诉案，湖南曾某某集资诈骗案，唐某诉永州市劳教委案，腾讯诉 360 “扣扣保镖”不正当竞争案，华为公司诉美国 IDC 滥用市场地位垄断案等获评 2013 中国十大影响力法治案例。以李某某等 5 人强奸案为例来看 2013 年中国司法公正的实现情况，北京市海淀区法院于 9 月 26 日一审以强奸罪分别判处李某某有期徒刑十年，王某（成年人）有期徒刑十二年、剥夺政治权利二年，魏某某（兄）有期徒刑四年，张某某有期徒刑三年、缓刑五年，魏某某（弟）有期徒刑三年、缓刑三年。李某某及其法定代理人和同案人王某不服提出上诉。11 月 27

日，北京市第一中级人民法院终审宣判，裁定驳回上诉，维持原判。尊重事实、敬畏法律，是法治社会、法治建设中应有的思维。作为审判人员的法官，基于案件事实，结合现有证据，秉公执法，既不受当事人身份地位的影响，也不受舆论声音的影响，彰显了司法的成熟与进步，是司法公正的重要体现。

五、现代法治观念的强化

法治观念，作为人们以法律意识为基础而形成的主观观念，受社会条件、认识因素等条件的制约，不同的人有不同的理解。但是从个性出发，对法治观念作整体性考察，我们不难发现其仍具备一定的共性特征。2013 年，中国的法治在多方面取得了卓越成就，法治在实践上的进步推动了法治观念在内容上的丰富化和在认可程度上的普及化。

（一）保障人权理念得到认可

在内容上，保障人权逐步成为法治观念的重要内容之一。2013 年中国法治建设从立法、司法等多方面加强了对人权的保障，是中国人权保障进步的重要体现。法治观念强调公民意识，也强调平等和公正。

第一，从政策和决议上来看中国法治建设中保障人权的决心：2013 年 11 月在北京召开的中共十八届三中全会首次提出了“人权司法保障制度”，并将其写入《中共中央关于全面深化改革若干重大问题的决定》。国家尊重和保障人权。完善人权司法保障制度，需要进一步规范查封、扣押、冻结、处理涉案财物的司法程序；健全错案防止、纠正、责任追究机制，严禁刑讯逼供、体罚虐待，严格实行非法证据排除规则；减少适用死刑罪名；废止劳动教养制度，完善对违法犯罪行为的惩治和矫正法律，健全社区矫正制度；健全国家司法救助制度，完善法律援助制度；完善律师执业权利保障机制和违法违规执业惩戒制度，加强职业道德建设，发挥律师在依法维护公民和法人合法权益方面的重要作用等。

第二，从立法层面看人权保障的加强：2012 年民事诉讼法以及刑事诉讼法的修改，积极推动了我国民主法治化的进程，促进了我国司法制度建设的发展，加强了对广大公民人权的尊重和保障。尤其是新刑事诉讼法首次将“尊重和保障人权”明确列为刑事诉讼基本原则，标志着我国刑事司法理念的重大转变，进一步强调了惩罚犯罪与保障人权并重的司法理念，是“宽严相济”刑事政策的重要体现。

第三，从司法层面来看人权保障的加强：一系列指导性司法意见的出台，意味着最高法、最高检等机关对规范司法程序，保障犯罪嫌疑人、被告人权利的强烈决心。首先，从 2013 年 1 月起，最高人民检察院官方网站及正义网上有关检察工作如何与修改后刑事诉讼法、民事诉讼法对接的内容大量增加。这是包括检察机关在内的政法各部门实施修改后“两法”的一个缩影。其次，2013 年 2 月，最高人民法院、最高人民检察院、公安部、司法部共同出台了《关于刑事诉讼法律援助的规定》，各部门加强协调，建立健全工作机制，做好法律援助咨询、申请转交、组织实施等方面的衔接工作，促进刑事法律援助工作有效开展。“附条件逮捕”是针对有证据证明“已基本构成犯罪”的重大案件的犯罪嫌疑人的逮捕方式，如果期满后仍未能收集到充足证据，逮捕决定应撤销。再次，2013 年 5 月，最高人民检察院下发《关于人民检察院审查逮捕工作中适用“附条件逮捕”的意见（试行）》，对“重大案件”作出明确界定，从源头上杜绝“以捕代侦”保障刑事诉讼法“尊重和保障人权”原则的贯彻实施。2013 年，最高人民检察院修改《检察机关执法工作基本规范（2013 年版）》；出台《人民检察院民事诉讼监督规则（试行）》《关于切实履行检察职能防止和纠正冤假错案的若干意见》等。最后，2013 年 8 月 26 日由最高人民法院通过《关于网络查询、冻结被执行人存款的规定》，规范人民法院办理执行案件过程中通过网络查询、冻结被执行人存款及其他财产的行为，进一步提高执行效率，保证被执行人合法权利。另外，2013 年 11 月，最高人民法院对外发布了《关于建立健全防范刑事冤假错案工作机制的意见》，明确提出坚持尊重和保障人权原则。尊重被告人的诉讼主体地位，维护被告人的辩护权等诉讼权利，保障无罪的人不受刑事追究。

（二）法治观念进一步得到普及

法治观念的普及，离不开法学教育的蓬勃发展。法学教育，一方面培养了大批的法学人才；另一方面也扩张了法治观念的传播范围，让法治观念为更多人所接受。

2013 年 4 月，新一届（2013 ~ 2017 年）高等学校教学指导委员会成立。教学指导委员会是教育部聘请并领导的专家组织，具有非常设学术机构的性质，接受教育部的委托，开展高等学校本科教学的研究、咨询、指导、评估、服务等工作。该组织的成立，有利于加强高等学校本科教学领域的理论与实践研究；为高等学校的学科专业建设、教材建设、教学实验室建设和教学改革等工作向教育部提出咨询意见和建议；组织教师培训、学术研讨和信息交流等工作，完善法学学科建设的同时，加强各地法学人才之间的交流，实现法学思想的交流与碰撞，助推法治观念的进步。

2013 年 10 月，教育部“卓越法律人才教育培养计划工作推进会”在中国政法大学举行。卓越法律人才培养计划是中国法学教育领域的重大战略部署，是教育规划纲要颁布实施后我国高校人文社会科学领域第一个重大的人才培养计划，也是从国家层面系统推进高等法学教育领域综合改革的一项重要战略举措。

同时，法治观念的普及与法学教育领域的国际及境外交流的开展亦不无关系。2013 年的中国法学教育活动中，有两次对中国法学教育发展乃至中国法治建设的进步都有十分重要意义的活动。一是 2013 年 3 月由中国人民大学法学院、南非开普敦大学法学院共同主办在南非召开的“首届中非法学院院长论坛”。会议主要就“中非法学教育的政治背景”“中非在法学研究领域面临的挑战”“中非法学院在课程改革和发展方面面临的挑战”“中非法学院在教学和学习方面面临的挑战”“中非法学院间的合作”五个主题展开了讨论。二是 2013 年 10 月在北京召开的首届中国与欧洲法律论坛。此次论坛的举办有力地推动了中欧法学、法律界进一步加深了解，促进了中欧法学、法律界人士的交流与合作。与国外法学教育单位开展不同形式的合作与交流，是经济全球与法律移植进程加快的客观要求。它不仅加强了国际型法律人才的培养，同时也是将中国特色的法治观念推向全球，营造现代、积极、进步的大国形象的重要举措。

六、法学理论的繁荣

法治中国必定是一个法学理论繁荣发展的中国。2013 年，中国法学理论在法治实践中蓬勃发展，又为中国法治建设提供理论支撑和引导。2013 年，中国法学家从国情出发，遵循法治规律，积极开拓新的法学理论研究领域，不断创新法学理论研究方法，提高法学理论创新和学术创新能力，推动形成中国特色的法学理论体系。

2013年，法学领域的学术研究与法治实践十分活跃，宪法、刑法、知识产权法、行政法及行政诉讼法、刑事诉讼法、民事诉讼法等都取得了丰硕的成果，出现了一大批高质量、优品质的法学理论成果。其中，邓子滨的《斑马线上的中国：法治十年观察》、吴汉东的《知识产权法价值的中国语境解读》、王旭的《论自然资源国家所有权的宪法规制功能》、赵秉志主编的《社区矫正法（专家建议稿）》、周光权的《刑法客观主义与方法论》、左卫民的《现实与理想：关于中国刑事诉讼的思考》、时延安的《劳动教养制度的终止与保安处分的法治化》、张卫平的《中国第三人撤销之诉的制度构成与适用》、应松年主编的《行政诉讼法与行政复议法的修改和完善》等获评“2013中国十大影响力法学理论研究成果”。

2013年，中国宪法学研究坚持“中国意识”“实践意识”，努力以宪法学的理论解释、解决社会实践中的宪法问题，取得了积极进展。学者深入探讨了宪法学基本范畴与方法，提出回归宪法文本，落实法治精神，并认为宪法与部门法应当协调发展。王旭的《论自然资源国家所有权的宪法规制功能》立足于“平等的自由观”的政治哲学立场，提出我国宪法确立的以“国家占有”为核心的自然资源所有权模式应该通过解释技术发展为以“国家规制”为核心的财产权模式，以确保社会成员持续性共享自然资源。国家规制模式的核心在于：既要维护市场的公平性；同时也戒备与民争利的攫取型资源财政之生成，强调作为一种规制国家的负责性、公共性。最终共同维护公有制的主体地位，实现我国“基于平等之自由”的政治道德与宪法精神。文章以宪法解释学的方法系统地论证了自然资源国家所有权在宪法文本上的性质，揭示了规范与价值之间的相互关系，论证了自然资源的“国家所有”的规范结构。作者将文本、历史与规范结合起来，建构分析自然资源的框架与方法，提出的政策建议具有重要的理论与实践价值。对当下中国法治发展也具有积极的启示意义。

2013 年，中国刑法学的发展坚持了理论与实践的结合。在刑法学理论上，学者推陈出新，周光权的《刑法客观主义与方法论》以“刑法客观主义与方法论”展开，分别讨论刑法方法论与司法逻辑、客观归责的方法论意义、刑法价值判断、中国刑事案例指导制度的困境与前景等问题。在“刑法客观主义与证据达用”中，研究明知与刑事推定、刑法与控方证明责任、证明标准的实务运用、渎职犯罪的指控难点、非法证据排除：刑法与刑诉法的交错等专题；在“刑法客观主义与刑罚适用”部分，则对量刑程序改革的实体法支撑、量刑上的禁止不利评价原则、禁止重复评价、法官量刑与账目计算、协助抓捕同案犯等问题进行思考。

本书对上诉问题进行系统研究，意在结合刑法客观主义及具方法论、现代诉讼理念最大限度地防止刑法适用出错，以实现刑法的人权保障功能。在刑法的运用和实施中，学者积极关注刑法修订后的运用和实施。赵秉志主编的《社区矫正法（专家建议稿）》中以“中加关于中国社区矫正的立法发展”项目成果——《社区矫正法（专家建议稿）》为核心，分上、中、下三编，全面、系统地了解我国社区矫正制度的发展情况和国际社会有关社区矫正制度的立法状况，推动我国社区矫正制度专门立法的发展具有积极的参考借鉴作用。同时，作为犯罪处罚方式的刑罚措施的变更与发展，同样受到了学者青睐，得到了进一步探讨。时延安的《劳动教养制度的终止与保安处分的法治化》提出了对保安处分制度“重点突破，全面带进”的改革路线，进而实现该制度的法治化，具有较强的实践意义。

在社会管理创新的语境下，如何依循法治原则预防犯罪是一个亟须认真思考的理论和实践问题。

2013 年，中国知识产权法在知识产权法基本问题、知识产权立法机制与修法热点、知识产权战略反思与推进、知识产权司法保护、商业秘密保护、技术发展与知识产权、知识产权行政保护、创意产业的知识产权问题、国际知识产权保护与海外维权、知识产权滥用与反垄断、商业标志的知识产权问题和知识产权等问题上都有所研究和发展。其中，吴汉东的《知识产权法价值的中国语境解读》一文基于中国特色对知识产权法价值的分析研究，对中国知识产权保护事业具有重要意义。同时，它也标志着受世界潮流的影响，知识产权的法律保护重要性在我国逐渐被认可。知识产权法的价值分析主要涉及相关法价值的评价主体、基本构成以及实现途径。知识产权法既具有一般法价值的构成要素，又有着其特别法的价值内容，是价值理性与工具理性的统一体，包括正义、效率和创新。在发展中国家，知识产权法价值的实现，存在文化缺失、观念冲突以及利益失衡等诸多障碍，从而产生制度风险与法治失灵问题。面对知识产权制度的国际变革与时代发展，中国应当确立人本主义与和谐发展的新价值观，这是对知识产权法律精神的挖掘和升华，也是对正义、效率和创新诸传统价值的超越和发展。文章面对知识产权制度的国际变革和时代发展，在中国语境下解读知识产权法价值问题，即对多元法价值冲突进行协调，对法现实价值存在进行判断，对法理想价值目标进行选择和推进，具有十分重要的理论价值和实践意义。文章提出，以综合治理应对制度失灵，化解现代知识产权运行中的政策风险；以知识共享弥补权力垄断，促进中国知识产权事业中每个人和一切人的全面发展；以国际合作代替南北对抗，建构知识产权保护体系中的“和谐世界”，这是中国乃至国际知识产权界共同面临的时代问题，也是人类社会实现知识产权法治理想的价值目标。

2013年，中国行政法及行政诉讼法发展取得重要进步。行政法以行政救济制度的完善为主题，就行政救济的基本理论、行政复议制度和行政诉讼制度的发展与完善等问题，进行了系统研究，并对修改行政复议法和行政诉讼法提出了建议。应松年主编的《行政诉讼法与行政复议法的修改和完善》中，以行政诉讼法和行政复议法的修改即将启动为背景，联系实际，将行政法学界专家学者起草的“《中华人民共和国行政诉讼法》修改建议稿”和“《中华人民共和国行政复议法》修改建议稿”与专家撰写的理由说明汇编成书，意在为修法活动提供参考。随着经济社会的发展、法治环境的变化，现行的行政诉讼法与行政复议法都呈现出不同程度的滞后性，迫切需要修改与完善。加强这两部法律的修改，对增强公民权益保护，促进依法行政有着重要的意义。“两法”的修改，是当前法治建设的重要内容，也是学术界和实务界研究讨论的热点问题之一。综合来看，本书着重探讨了行政诉讼和行政复议立法宗旨与立法目标问题，行政诉讼被告范围及诉讼标的问题，行政复议与行政诉讼的关系及相关机制的改革问题，关于行政诉讼和行政复议的受案范围问题，法律适用问题，行政与民事交叉问题，以及诉讼类型、公益诉讼、强制执行等问题。

2013年，中国刑事诉讼法学围绕修改后的刑事诉讼法的实施，就刑事诉讼程序的改革和完善、该法与司法解释的关系、刑事强制措施制度、举证责任与证明责任、刑事辩护制度等，展开了讨论和研究。左卫民的《现实与理想：关于中国刑事诉讼的思考》以中国刑事诉讼制度变革为关注点，不但对拟定立法条款进行了规范性分析，也对相关立法条款的实践状况展开了实证研究，从而得以客观评估刑事诉讼法修改所带来的真实效应。除了关注刑事诉讼法条文修改本身，作者还关注到条文背后所涉及的社会、政治因素以及不同利益主体在其中的角力方式，并进行了理论化提升，从而发展出刑事诉讼制度变迁的实践命题。《现实与理想：关于中国刑事诉讼的思考》的研究范式及研究发现，不仅为刑事诉讼理论研究提供了新思维，也为刑事诉讼制度立法改革提供了新视角、新启发。

2013 年，中国民事诉讼法学以新通过的民事诉讼法修正案为主题，对总论与审判程序、法院调解与非讼程序、证据制度与检察监督，以及公益诉讼、恶意诉讼、小额诉讼、第三人撤销之诉等民事诉讼法修正案修改部分的方方面面开展研究，探讨了对修改后的民事诉讼法的理解和适用。张卫平的《中国第三人撤销之诉的制度构成与适用》对我国第三人撤销之诉的目的、意义、性质、特征、当事人、客体、程序及判决等基本问题进行了分析，试图揭示第三人撤销之诉的制度结构，并阐述了该制度适用中应当注意的若干问题，对于人们深入认识我国的第三人撤销之诉制度，进一步推动理论界和实务界对这一制度更深入的探讨有着积极的意义。

2013 年，中国法学在其他部门法方向亦取得卓越进步。法理学对文化与法律、科技与法律、法学理论与法律方法、法治建设与人权保障的关系等专题，进行了深入研究；民法围绕继承法的现代化，消费者权益保护法的修改与完善，人格权法的发展，以及侵权法与民事法律适用方法等问题，开展了探讨和研究；商法以改善民生和商法发展为中心，对公司法的修改、公司设立等制度进行了研究；经济法以民生与发展为主题，对竞争与消费者保护法、旅游法展开了广泛研讨；社会法围绕社会法基础理论、劳动法、社会保障法等三个领域开展研究；国际经济法回顾了中国特色国际经济法学的创建与发展之路，梳理了 WTO 争端解决、国际投资法以及国际金融法和海商法领域实践中出现的新问题等。

2013 年，在中国法学稳步发展、欣欣向荣的局面下，一部分学者对中国法治建设进行了反思与展望。邓子滨的《斑马线上的中国：法治十年观察》是健全法律思维的一种展现。邓子滨以法律规则的眼光参酌斑马线上的乱象，从测谎仪到摄像头，从安检到城管，从公捕公判到因言获罪，解说对中国法治的十年观察，同时备感法治路程的艰辛与曲折。他认为国家法治，不妨从斑马线做起，从整饬"中国式过马路"开始。法治是一种许诺，"走在斑马线上是安全的"。可是，若不能真诚落实法治，斑马线将成为死亡线，死因则是对制度的信赖。这是国家和国民最不能承受的。通过该书的表述，读者不难发现法治犹如踽踽独行的取经者正在艰难前行，而法律人一直在为法治的启蒙而呐喊。这是一位学者对中国法治建设与发展的深思之言，也是让每一位法律人甚至是非法律人静心思考法治问题的谆谆之语。它既能让每一位法律人静下心来思考，又能启发非法律人士对社会中发生的许多问题如何以法律的思维介入，从而起到法治启蒙的作用。

中国共产党不断赋予法治在国家战略中的高度和深度，并正以建设法治中国，实现国家治理和社会治理的法治化为目标。这是当代中国社会主义法治建设史上的重大飞跃，是描绘法治中国蓝图的新篇章。新千年世界和平与发展的主题给中华民族的崛起提供了极为有利的发展机遇，也面临诸多挑战和风险。坚定不移地推进依法治国、建设法治国家，推进依法执政、提高治国理政水平，推进依法行政、建设法治政府，推进依法管理和社会组织依法自治、建设法治社会，是新世纪新时代的重大历史使命。唯有解放思想、深化改革、奋力开拓、敢于担当历史使命，承启历史责任，维护社会公平正义，实现社会安定有序、国家长治久安，才能不断增进人民福祉。可以预料，一个更加自信、更加伟大、更有风范的民族必将展示在世人面前，一个富强民主文明和谐美丽的中国必将以崭新的姿态展现在国际舞台。

第二节　2013 年度中国法治发展综合评估项目的设立及影响

一、2013 年度中国法治发展综合评估项目的发起设立

2013 年度法治发展综合评估项目是由中南财经政法大学法治发展与司法改革研究中心暨湖北法治发展战略研究院与检察日报、人民检察杂志社、正义网联合共同开展的年度法治发展综合评估项目。该项目共设立评估子项目 5 个，分别是：2013 中国十大法律制度建设成就、2013 中国十大影响力法学理论研究成果、2013 中国十大影响力法治人物、2013 中国十大影响力法治案例和 2013 中国十大法治新闻。

（一）项目的发起单位

中南财经政法大学法治发展与司法改革研究中心暨湖北法治发展战略研究院（以下简称“中心—研究院”）。中心—研究院是专门从事法治发展战略性研究的综合性学术科研机构，是经湖北省教育厅批准的湖北省人文社会科学重点研究基地。中心—研究院开展法

治发展与司法改革研究，坚持发扬传统与开拓创新并重、基础理论研究与实践应用研究并重、战略思维引领与研究成果转化并重，秉持重点项目跨学科综合研究模式，加强研究机构之间互动合作，吸纳政府机关知名实务专家、校外研究机构知名学者参与项目研究，提高研究项目的吸纳力、凝聚力、辐射力和影响力，并努力打造成为中国法治发展与司法改革研究的重要研究基地，成为中央和地方的高级“智库”，成为中国法治发展的播种园地和高层次人才培养基地。

《检察日报》。《检察日报》创刊于1991年7月4日，原名《中国检察报》，是最高人民检察院机关报。《检察日报》及其前身《中国检察报》，忠实地记录伟大祖国经济、政治特别是民主法制建设的进程与成就，为推进依法治国基本方略的实施，弘扬时代精神和社会正气，促进反腐倡廉和社会主义精神文明建设，做出积极贡献。《检察日报》多年来始终保持着40万份左右的发行量，2013年达到50多万份，每年都有一批作品获得各类全国性新闻奖，要闻版“法制三维”专栏被评为中国新闻名专栏。

人民检察杂志社。《人民检察》由最高人民检察院主管，检察日报社主办，是最高人民检察院机关刊物、国家法律类核心期刊，1956年6月创刊。50多年来，《人民检察》以“交流经验、指导业务”为宗旨，及时反映最高人民检察院的工作部署，探讨法学理论、检察理论以及法律适用中的热点、难点问题，忠实记录我国检察事业及刑事法学理论的发展历程。《人民检察》的主要栏目有：法学专论、实务研究、检察长论坛、疑案精解、经验交流、前沿动态等。2005年起，《人民检察》改为半月刊，并被国家新闻出版署确定为“全国百种重点期刊”。

正义网。正义网是最高人民检察院主管、检察日报社主办的法治资讯门户网站，是检察日报社旗下除纸质媒体以及最高人民检察院影视中心之外的网络新媒体成员。2000 年 9 月，正义网获得国务院新闻办公室批准从事网络新闻登载业务，成为国内首家具备网络新闻采编发布资格的法治类网站。作为独立媒体人格的法治资讯新媒体，正义网秉持“立足法治、影响社会”的战略定位和建设“法治类资讯门户网站”发展目标，强化着舆论监督内容和法律监督内容。

（二）项目的设立宗旨

2013 年，党的十八届三中全会胜利召开，《中共中央关于全面深化改革若干重大问题的决定》提出，建设法治中国，必须坚持依法治国、依法执政、依法行政共同推进，坚持法治国家、法治政府、法治社会一体建设。深化司法体制改革，加快建设公正高效权威的社会主义司法制度，维护人民权益，让人民群众在每一个司法案件中都感受到公平正义。法治发展年度综合评估项目活动亦合着法治加速度的节拍，从法治的角度守望公平正义，致力于推进中国法治发展与司法改革建设。通过开展评选活动，中国法治发展综合评估项目旨在宣传和表彰在依法治国方略实施过程中做出显著成绩和突出贡献的先进典型，激励法学专家学者及社会大众践行法治，为推进依法治国，建设法治社会做出积极贡献。

社会因法治而进步，时代因法治而辉煌。该项评估真实呈现了 2013 年我国社会法治状态，揭示了法治运行规律，反映了法治建设最新成就，展示了法学研究前沿成果，褒扬了法治建设典型人物，提出了加强法治建设有效性建议，有助于推进中国法治发展与司法改革建设。

二、2013 年度中国法治发展综合评估项目的社会影响

在这个泛娱乐化的时代，各种带有排行榜性质的评选活动博取着公众的眼球，诸如此类的信息泛滥甚至造成公众信息接受的超载性困难。“2013 年度中国法治发展综合评估项目”绝非是一次为搏出位的评选活动，而是一种严肃、严谨、负责的专业法治遴选发布，旨在串联年度法治记忆，评选年度法治人物，盘点年度法制案例，梳理年度法治新闻，定格法治进程，烛照法治未来。令我们倍感欣慰的是，项目一经推出即受到了广泛的关注，引起了强烈的社会反响。

（一）展现法治过程的生动画面

我们从过去一年纷繁的法治事件当中，特别寻找出 10 个记载立法进程、社会主义法律体系日臻完善的法制成就，10 个富有创见性、对法治建设具有助推意义的法学理论成果，10 个身体力行、以己之力践行法治的代表性人物，10 个极具影响、揭示法治问题的典型案件以及 10 个聚集法治热点、引发社会持续讨论的重大新闻，用人物、事件、成果将去年我国的法治建设进程串联成线，连缀成面，以梳理和回顾过去一年我国法治建设中的进步与光辉，留存年度法治迈进的脚印，启示未来法治发展的方向和重点。

（二）引起法治建设的广泛关注

本次项目并未展开强势的媒体宣传，却引发了社会的广泛关注。在项目调研阶段，法律界专家学者对项目的发起设立予以高度认可，并给予项目组委会大力支持。在项目成果发布阶段，有来自各大高校、研究所的法学学者，法律实务界的知名专家 50 余人参与，并吸引了国内 10 余家媒体现场采访报道。在项目成果发布后，社会效应

持续发酵，先后有法律学术类、综合门户类、政府实务类等数十家网站予以转载或专题报道，并引发了持续而热烈的讨论。

（三）凝聚法治未来的持续信心

本项目既是对 2013 年度中国法治的定格和存照，更是进一步唤起全民法治意识和责任的一次呼吁。我们希望通过项目的实施在全社会营造崇尚法治、信法为真的良好氛围，引导公民形成践行法治、俯身向善的现代习性。中国的法治进程仍面临诸多复杂而艰巨的困难，法治建设注定是个长期而持久的过程，不可能一蹴而就，这需要全社会形成广泛而深刻的共识。本项目在引起社会关注的基础上，如能凝聚全民对法治未来的持续信心，便是我们最乐见和欣慰之事。

第二章　评估实施篇

第一节　2013 年度中国法治发展综合评估项目的评估方案

一、项目的评估主体

2013 年度法治发展综合评估项目成立组织委员会，负责统筹规划、协调管理，指导项目评估的具体开展，组织委员会由主任、副主任、委员、执行委员组成，设组委会办公室。法治发展年度综合评估项目成立专家评审委员会，对各评估项目参选成果进行专业评审。同时，单项法治发展综合评估项目实行项目负责人责任制，按照过程控制、节点考核、持续改进、责任承担的办法，由项目责任人实行项目管理。

法治发展年度综合评估项目组织委员会由中南财经政法大学法治发展与司法改革研究中心主任、湖北法治发展战略研究院院长、教授、博士生导师徐汉明，检察日报社党委书记、社长李雪慧以及检察日报社总编辑钱舫担任主任。组织委员会副主任由检察日报社副总编辑赵信与人民检察杂志社社长、主编徐建波担任。组织委员会委员由李雪慧、钱舫、赵信、肖中扬、徐建波、孙丽、田安邦、覃匡龙、李国明、伍治良和董少平组成。其中组织委员会执行委员由孙丽、覃匡龙、李国明、庄永廉与张建升担任。组委会办公室成员由张建升、徐立、李和仁、罗欣、金园园、倪爱静、夏郢、张孜仪与林必恒组成。

法治发展年度综合评估项目专家评审委员会委员由吉林大学教授张文显，最高人民法院副院长江必新，教育部党组成员、国家教育行政学院院长顾海良，中南财经政法大学知识产权研究中心主任、教授吴汉东，中国人民大学党委副书记兼副校长王利明，中国政法大学校长黄进，教育部社会科学司副司长张东刚，教育部科学技术司司长王延觉，国家发改委副秘书长范恒山，中南财经政法大学党委副书记齐文远，中南财经政法大学副校长姚莉，中南财经政法大学法学院院长方世荣，北京市人民检察院副检察长、中国人民大学教授甄贞，中国人民大学法学院院长韩大元，北京师范大学刑事法律科学研究院院长赵秉志，中国政法大学诉讼法学研究院院长卞建林，长江学者、《中国法学》总编张新宝，中国法学会研究部主任方向，长江学者、武汉大学法学院教授汪习根，福星集团控股有限公司总裁谭少群，华永集团董事长李勇，中国农业银行股份有限公司北京市分行党委书记、行长易映森，泰康人寿保险股份有限公司董事长兼首席执行官陈东升，中浩集团公司董事长孙来福，湖北中烟公司总经理彭明权，中国劲酒—劲牌有限公司董事长吴少勋，武船重型工程股份有限公司董事、总经理杨少稀，枝江酒业董事长蒋红星组成。

单项法治发展综合评估项目实行项目责任人负责制。由检察日报社理论部主任庄永廉担任“2013 中国十大法律制度建设成就”评估项目负责人，《人民检察》编辑部主任张建升担任“2013 中国十大影响力法学理论研究成果”评估项目负责人，检察日报社编委、方圆杂志社社长、主编孙丽担任“2013 中国十大影响力法治人物”评估项目负责人，检察日报社编委、正义网执行总裁覃匡龙担任“2013 中国十大影响力法治案例”评估项目负责人，检察日报社编委、总编室主任李国明担任“2013 中国十大法治新闻”评估项目负责人。

二、项目的评估标准

为保证评估活动的质量与效果，综合评估项目对 5 个单项评估项目的入选对象设置了评估标准，包括参评条件和具体标准，各评估项目入选对象应尽量符合下列标准。

（一）“2013 中国十大法律制度建设成就”评估项目

参评条件：2013 年，对中国法治建设具有里程碑意义的，对社会生活产生积极影响的，对推进我国民主与法制建设、对弘扬法制精神产生积极作用的法律制度。

具体标准：（1）当年出台；（2）在国家政治、法律制度体系中居于重要地位；（3）关系公民的权益，对社会生活产生了积极影响，受到社会公众的广泛关注；（4）对法治的发展和进步、全社会法治理念的弘扬具有重要意义。

（二）“2013 中国十大影响力法学理论研究成果”评估项目

参评条件：2013 年，对中国法治建设具有一定影响的法学著作（包括经典法学教科书）或法学专论文章，具备思想性、权威性、创新性。

具体标准：（1）当年内出版或发表；（2）在法学基础研究领域

做出了开创性贡献，或者回应和解答了法治实践中的重大问题，具有重要的实践价值；(3）获法学界同行或司法实务界人士的广泛认可；(4）具有较高的引证率。

(三）“2013中国十大影响力法治人物”评估项目

参评条件：2013年，经各类新闻媒体公开报道的，用实际行动彰显法治和正义的力量，在推动社会法治进程中做出重要贡献的法治人物。

具体标准：(1）时代影响力：他（她）们在重大新闻事件当中起到核心作用，体现着一个公民对社会的责任和担当。他们极具昭示意义的言行，影响甚至改变了公众的行为，进而影响了社会的价值观；(2）制度推动力：因为他（她）们的行动引起了公众对某一法制领域的特别关注，因为他们的行动，催化了某些法律法规的诞生，推动了法律的废、改、立，从而对整个法律制度建设和国家法治进程起到了推动作用；(3）法治贡献力：通过他（她）们为公众利益不懈努力、执着追求，坚决捍卫法治尊严从而推动整个社会的法治进步，他们的行为激发了整个社会法治的精神与力量，引领着更多的人投身法治事业。

(四）“2013中国十大影响力法治案例”评估项目

参评条件：2013年，引起社会广泛关注、讨论或者争鸣，影响甚至改变人们的生活与观念，推动制度变革的热点、典型性案例。

具体标准：(1）当年内发生或审结的案件；(2）经媒体广泛报道，受到社会公众的普遍关注；（3）案件处理结果引起广泛讨论、争议，或者引发人们对现行法律、司法制度的反思；（4）“个案促进法治”，深层次反映了转型社会的法治现状，具有可深刻挖掘的制度性意义；（5）案件的发生及处理检验了法的精神，影响立法司法，在中国的法治发展进程中具有标本性意义。

（五）“2013 中国十大法治新闻”评估项目

参评条件：2013 年，经各类新闻媒体公开报道的，对社会生活产生积极影响的，对推进国家民主与法治建设、对弘扬法制精神产生积极作用的法治事件。

具体标准：（1）推动力：事件本身对推动我国的法治进程具有典型意义和引导、促进作用；（2）关注度：事件与百姓工作、生活密切相关，引起广泛关注；（3）影响力：事件本身具有重大代表性和重要的社会影响力。

第二节　2013 年度中国法治发展综合评估项目的评估方式

一、项目的网上公示

2013 年 12 月 25 日前，各单项评估项目负责人组织人员、安排具体分工，结合评选标准，确定入选本评估项目的预选素材及其依据。组委会办公室具体负责各评估项目内容的评选工作，并提出遴选名单，于 2014 年 1 月 6 日将初选结果在正义网公示。按照 2013 年度法治发展综合评估项目所设 5 个子项目的评选标准，组委会办公室组织进行了项目内容的遴选工作，以下为 2013 年度法治发展综合评估项目的网上初选结果。

（一）2013 年中国十大法律制度建设成就

（1）全国人大常委会《关于授权国务院在中国（上海）自由贸易试验区暂时调整有关法律规定的行政审批的决定》：先行先试破除

制度桎梏。

（2）“两高”《关于办理利用信息网络实施诽谤等刑事案件适用法律若干问题的解释》：破解认定难题惩治网络谣言。

（3）“两高”“两部”《关于依法惩治性侵害未成年人犯罪的意见》：保护未成年人免受性侵害。

（4）“两高”《关于办理危害食品安全刑事案件适用法律若干问题的解释》：从严惩治危害食品安全犯罪。

（5）修改后消费者权益保护法：赋予消费者反悔权。

（6）首部旅游法：全方位保障旅游者合法权益。

（7）高检院公布指导性案例：对威胁民航安全犯罪亮剑。

（8）最高人民法院《关于人民法院在互联网公布裁判文书的规定》：除四种情形外裁判文书一律公开。

（9）社会保险费申报新规：用工30日内必须上“五险”。

（10）修改后的公司法：降低公司设立门槛。

（二）2013中国十大影响力法学理论研究成果

（1）《斑马线上的中国：法治十年观察》，法律出版社2013年版。

（2）《论自然资源国家所有权的宪法规制功能》，载《中国法学》2013年第6期。

（3）《社区矫正法（专家建议稿）》，中国法制出版社2013年版。

（4）《刑法客观主义与方法论》，法律出版社2013年版。

（5）《现实与理想：关于中国刑事诉讼的思考》，北京大学出版社2013年版。

（6）《知识产权法价值的中国语境解读》，载《中国法学》2013

年第 4 期。

(7)《劳动教养制度的终止与保安处分的法治化》，载《中国法学》2013 年第 1 期。

(8)《中国第三人撤销之诉的制度构成与适用》，载《中外法学》2013 年第 1 期。

(9) 专家《论检察》丛书，中国检察出版社 2013 年版。

(10)《行政诉讼法与行政复议法的修改和完善》，中国政法大学出版社 2013 年版。

(三) 2013 中国十大影响力法治人物

(1) 刘复之：政法往事的亲历者与塑造者。

(2) 张飚：为民洗冤的检察官。

(3) 刘协和：精神卫生立法的推动者。

(4) 罗昌平：实名举报反腐的媒体人。

(5) 邓正来：英年早逝的“学术个体户”。

(6) 郭兴利：蜀道上的背篼法官。

(7) 陈臻：“碧水蓝天”的环保倡议者。

(8) 赖水顺：调解泯恩仇的道德模范。

(9) 熊为义和闫怀玲：中国式普法鸳鸯。

(10) 湘江守望者：保卫母亲河的环保志愿者。

(四) 2013 中国十大影响力法治案例

(1) 薄某某受贿、贪污、滥用职权案。

(2) 刘某某受贿、滥用职权案。

(3) 李某某等五人强奸案。

(4) 海南校长带幼女开房案。

(5) 浙江张氏叔侄强奸再审无罪案。

(6) 河北王某某强奸、故意杀人上诉案。

(7) 湖南曾某某集资诈骗案。

(8) 唐某诉永州市劳教委案。

(9) 腾讯诉 360 “扣扣保镖”不正当竞争案。

(10) 华为公司诉美国 IDC 滥用市场地位垄断案。

(五) 2013 中国十大法治新闻

(1) 十八届三中全会将“法治中国”正式写入党中央文件。

(2) 全面深化司法改革提出“人财物统一管理”目标。

(3) 中央巡视组“重拳打虎”多名省部级高官落马。

(4) 高检院 5 年反贪报告引起中外关注。

(5) 劳教制度施行 50 余年终被废止。

(6) 政法机关集体发声纠正防范冤假错案。

(7) 微博直播庭审开启司法公开新时代。

(8) 打击网络“大谣”净化网络环境。

(9) 彻查“衡阳破坏选举案”彰显反腐决心。

(10)《新快报》事件重申新闻职业道德社会责任。

二、项目的专家评审

2013 年 12 月 12 日至 2014 年 1 月 16 日，专家评审委员会对遴选内容进行专业评审。根据评估项目内容分类，结合各专家评审委员会委员的专业特长与研究领域，本次评审拟设立两个评审组，每组由 8 名专家具体负责项目内容评审，其中两名专家作为代表，对本组评审项目结论进行评议与说明。

第一组专家评委组由中南财经政法大学校长、教授、博士生导师吴汉东，中国政法大学诉讼法学研究院院长、教授、博士生导师卞建林，中南财经政法大学法学院院长、教授、博士生导师方世荣，中国人民大学法学院教授、博士生导师、北京市人民检察院副检察长甄贞，《中国法学》总编辑、中国人民大学法学院教授、博士生导师张新宝组成。专业组负责评审的项目有：“2013 中国十大法律制度建设成就”和“2013 中国十大影响力法学理论研究成果”。其中，“2013 中国十大法律制度建设成就”由检察日报社理论部主任庄永廉担任评估项目负责人；“2013 中国十大影响力法学理论研究成果”由《人民检察》编辑部主任张建升担任评估项目负责人。

第二组社会组专家由教育部党组成员兼国家教育行政学院院长、教授、博士生导师顾海良，中央司法体制与工作机制改革办公室副主任、中央政法委政法研究所所长黄太云，中国人民大学党委副书记兼副校长、教授、博士生导师王利明，中国人民大学法学院院长、教授、博士生导师韩大元，北京师范大学刑事法律科学研究院院长、教授、博士生导师赵秉志，福星集团控股有限公司总裁、湖北省工商联副主席谭少群，检察教育基金会副理事长、华融集团华融建信投资（控股）集团董事局主席、华永集团董事长李勇，中国农业银行股份有限公司营销总监、中国农业银行股份有限公司北京市分行党委书记、行长易映森组成。社会组专家负责评审的项目包括：“2013 中国十大影响力法治人物”“2013 中国十大法治新闻”和“2013 中国十大影响力法治案例”。其中，“2013 中国十大影响力法治人物”由检察日报社编委、方圆杂志社社长、主编孙丽担任评估项目负责人；“2013 中国十大影响力法治案例”由检察日报社编委、正义网执行总裁覃匡龙担任评估项目负责人；“2013 中国十大法治新闻”由检察日报社编委、总编室主任李国明担任评估项目负责人。

在广大网民的热情关注与评审专家的大力支持下，综合初选结果及专家评审情况，2014年1月16日，组委会最后确定了各单项项目评选结果，并于2014年2月22日，召开了项目成果发布会。

第三章　成果专题篇

第一节　2013年中国十大法律制度建设成就

（1）全国人大常委会《关于授权国务院在中国（上海）自由贸易试验区暂时调整有关法律规定的行政审批的决定》：先行先试破除制度桎梏。

（2）“两高”《关于办理利用信息网络实施诽谤等刑事案件适用法律若干问题的解释》：破解认定难题惩治网络谣言。

（3）“两高”“两部”《关于依法惩治性侵害未成年人犯罪的意见》：保护未成年人免受性侵害。

（4）“两高”《关于办理危害食品安全刑事案件适用法律若干问题的解释》：从严惩治危害食品安全犯罪。

（5）修改后消费者权益保护法：赋予消费者反悔权。

（6）首部旅游法：全方位保障旅游者合法权益。

（7）高检院公布指导性案例：对威胁民航安全犯罪亮剑。

（8）最高人民法院《关于人民法院在互联网公布裁判文书的规定》：除四种情形外裁判文书一律公开。

（9）社会保险费申报新规：用工30日内必须上“五险”。

（10）修改后的公司法：降低公司设立门槛。

一、全国人大常委会《关于授权国务院在中国（上海）自由贸易试验区暂时调整有关法律规定的行政审批的决定》：先行先试，破除制度桎梏

【条目标题】

关于授权国务院在中国（上海）自由贸易试验区暂时调整有关法律规定的行政审批的决定

颁布单位：全国人大常委会

通过日期：2013年8月30日

实施日期：2013年10月1日

【制度建设成就简介】

2013年8月30日，全国人大常委会表决通过《关于授权国务院在中国（上海）自由贸易试验区暂时调整有关法律规定的行政审批的决定》（以下简称《决定》），自10月1日起施行。2013年9月29

日，中国（上海）自由贸易试验区（以下简称上海自贸区）正式挂牌，自贸区管委会向自贸区企业和机构代表颁发证照。其中36家首批入驻企业名单公布。这是中国第一个真正意义上的自由贸易园区，也是国内首个符合国际惯例的海关特殊监管区。

《决定》为上海自贸区探索发展提供了法律支持。《决定》明确规定，全国人大常委会授权国务院在上海自贸区内，对国家规定实施准入特别管理措施之外的外商投资，暂时调整外资企业法、中外合资经营企业法、中外合作经营企业法规定的有关行政审批。该调整在三年内试行，对实践证明可行的，应当修改完善有关法律；对实践证明不宜调整的，恢复施行有关法律规定。

《决定》将上述三部法律中的有关行政审批改为备案管理，为外资、合资企业发展松绑。行政审批强调事前审查，备案管理重在事后报备，后者免去了企业“盖公章”“跑许可”的烦琐过程，提高了企业的行政效率。根据《决定》，审批改为备案的目录包括“外资企业设立”审批、“外资企业经营期限”审批等11项。

【制度意义】

上海自由贸易试验区，是中国继加入WTO后又一次更高层级的开放，它将远远超越“特区”“新区”争取优惠政策的层面，探索要素市场开放、政府边界厘清和行政管制放开，成为“中国经济升级版”的新引擎。

上海自贸区获准设立的重大意义还在于，经过30多年的改革开放，依靠资源消耗和无限要素投入的发展模式已经难以为继，中国迫切需要一场“洗礼”，来释放新的增长能量，指引中国迈向新的时代。上海自贸区先行先试，进行制度创新，释放改革制度红利，在法律框架内将中国的改革开放全方位推向一个新的高度。

【各方观点】

商务部国际贸易经济合作研究院研究员梅新育：上海自贸区已正式挂牌，在期望这个迄今全国开放程度最高的经济特区取得成功的同时，我们也要看到，上海自贸区既然名曰“试验”，就存在失败的风险，而其最大的潜在风险就是急功近利的“制度套利”动机，以至于不能在产业发展和产业结构选择方面扎扎实实打好实体经济部门的基础。

——2013 年 10 月 9 日《京华时报》

上海社科院法学研究所副所长殷啸虎：自由贸易试验区作为大陆开放度最大、开放层次最高，直接与国际市场接轨的经济试验区，实行的是全新的运行机制和管理体制，现有法律制度难以满足其运作需求。因此，国家有必要构建专门的自由贸易试验区法律制度作为其健康、顺畅运作的基础保障。

——2013 年 9 月 29 日《中国新闻网》

二、“两高”《关于办理利用信息网络实施诽谤等刑事案件适用法律若干问题的解释》：破解认定难题惩治网络谣言

【条目标题】

《关于办理利用信息网络实施诽谤等刑事案件适用法律若干问题的解释》

颁布单位：最高人民法院、最高人民检察院

通过日期：2013 年 9 月 5 日

实施日期：2013 年 9 月 10 日

【制度建设成就简介】

2013 年 9 月 6 日，最高人民法院、最高人民检察院联合发布了

《关于办理利用信息网络实施诽谤等刑事案件适用法律若干问题的解释》（以下简称《解释》）。由于正值公安部查处“秦火火造谣”等重大网络犯罪案件后不久，该《解释》刚一发布，即受到社会各界的广泛关注。

《解释》主要针对当前备受关注的利用信息网络实施诽谤、寻衅滋事、敲诈勒索、非法经营等刑事案件的法律适用问题作出规定。主要内容包括：

（1）对利用信息网络实施诽谤罪的认定。①明确了利用信息网络实施诽谤犯罪的行为方式。《解释》第一条采取列举的方式，对刑法第 246 条中“捏造事实诽谤他人”的规定进行了类型化和具体化，包括：a）捏造损害他人名誉的事实，在信息网络上散布，或者组织、指使人员在信息网络上散布的；b）将信息网络上涉及他人的原始信息内容篡改为损害他人名誉的事实，在信息网络上散布，或者组织、指使人员在信息网络上散布的。只要符合《解释》规定的上述两种情形之一，即可认定为“捏造事实诽谤他人”。②明确了利用信息网络实施诽谤行为的入罪标准，即“情节严重”的认定问题。《解释》对诽谤罪构成要件中的“情节严重”标准，从诽谤信息实际被点击、浏览、转发的次数，诽谤行为的后果，行为人的主观恶性等方面加以具体化，在司法实践中可操作性更强。《解释》第2条第（一）项规定，“同一诽谤信息实际被点击、浏览次数达到五千次以上，或者被转发次数达到五百次以上的”，应当认定为诽谤行为“情节严重”，从而为诽谤罪设定了非常严格的量化的入罪标准。《解释》第2条第（二）项规定，“造成被害人或者其近亲属精神失常、自残、自杀等严重后果的”，应当认定为诽谤行为“情节严重”。上述危害后果如果在现实生活中发生，则不问诽谤信息实际被点击、浏览或者被转发次数，即可直接认定为“情节严重”，依法予以刑事处罚。《解释》第2条第（三）项规定，“二年内曾因诽谤受过行政处罚，又诽谤他人的”，也认定为“情节严重”，体现了刑法对行为人主观恶性、人身危险性的重视和评价。行为人如果实施了诽谤行为，但不符合《解释》规定的“情节严重”情形的，也不能认定为诽谤罪。③明确了利用信息网络实施诽谤犯罪适用公诉程序的条件。为了明确对利用信息网络实施诽谤刑事案件适用公诉程序的条件，《解释》第3条列举了“严重危害社会秩序和国家利益”的7种情形：引发群体性事件的；引发公共秩序混乱的；引发民族、宗教冲突的；诽谤多人，造成恶劣社会影响的；损害国家形象，严重危害国家利益的；造成恶劣国际影响的；其他严重危害社会秩序和国家利益的。这样，既充分尊重当事人的处分权，依法保护被害人的合法权益，也有助于有力打击那些严重危害社会秩序和国家利益的诽谤犯罪。

（2）对利用信息网络实施寻衅滋事罪的认定。《解释》第5条规定，利用信息网络辱骂、恐吓他人，情节恶劣，破坏社会秩序的，用信息网络恶意编造、散布虚假信息，起哄闹事，引发社会公共秩序严重混乱的，均应以寻衅滋事罪定罪处罚。所谓辱骂，是指对他人作出蔑视性价值判断的表示，而恐吓则是以恶害相告知的行为，二者均不以捏造事实为前提。

（3）利用信息网络实施敲诈勒索罪的认定问题。《解释》第6条规定，以在信息网络上发布、删除等方式处理网络信息为由，威胁、要挟他人，索取公私财物，数额较大，或者多次实施上述行为的，以敲诈勒索罪定罪处罚。敲诈勒索罪是指行为人以非法占有为目的威胁、要挟他人，使之产生恐惧心理并基于此交付财物，情节严重的行为。行为人通过信息网络实施要挟、威胁行为，通常有两种基本手段：一是“发帖型”，即以将要发布负面信息为由相要挟，向被害人索取财物；二是“删帖型”，即先在信息网络上散布负面信息，再以帮助被害人“删帖”为由，威胁、要挟被害人并索取财物。这两种基本手段，实质上都是借助信息网络，主动对被害人实施要挟、威胁行为，进而索取公私财物，完全符合刑法规定的敲诈勒索罪的构成要件，应以敲诈勒索罪追究刑事责任。

（4）利用信息网络实施非法经营罪的认定与处罚。《解释》第7条规定，违反国家规定，以营利为目的，通过信息网络有偿提供删除信息服务，或者明知是虚假信息，通过信息网络有偿提供发布信息等服务，扰乱市场秩序，情节严重的，应当以非法经营罪定罪处罚。根据《全国人民代表大会常务委员会关于维护互联网安全的决定》与国务院2011年修订的《互联网信息服务管理办法》的规定，严禁利用互联网造谣、诽谤或者发表、传播其他有害信息，非经营性互联网信息服务提供者不得从事有偿服务，禁止未取得经营许可证擅自从事经营性互联网信息服务，或者超出许可的项目提供服务等。违反上述法律法规就具备了认定非法经营罪的前提。

【制度影响】

“两高”出台的这部司法解释意义重大，影响深远。第一，顺应了依法打击利用信息网络实施相关犯罪的现实需要。通过明确利用信息网络实施的诽谤等犯罪的定罪量刑标准，为依法打击此类犯罪行为提供了更加明确的司法解释依据。有利于统一司法标准，规范司法行为。第二，顺应了保护人民群众合法权益的需要。利用信息网络实施诽谤、敲诈勒索等犯罪，侵犯了公民的名誉权、财产权，司法机关依法惩治此类犯罪，保护了人民群众的合法权益。《解释》也为广大人民群众提供了与此类犯罪作斗争的法律武器。第三，顺应了维护社会公共秩序的需要。利用信息网络实施的寻衅滋事等犯罪，特别是编造虚假信息，在信息网络上散布，起哄闹事的行为，有时甚至会引发群体性事件，造成公共秩序严重混乱。司法机关依法惩治此类犯罪，有利于为人民群众创造一个良好的社会环境。第四，顺应了保障公民表达权和监督权的需要。任何一个国家的法律都不会允许有诽谤他人的“言论自由”。通过厘清在信息网络上发表言论的法律边界，公民可以依法充分行使宪法赋予的言论自由和监督权。第五，顺应了促进信息网络健康发展的需要。有助于规范网络秩序，为广大人民群众提供一个健康、有序的网络环境。

【各方观点】

清华大学法学院院长周光权：应当说，《解释》及其所反映出来的精神，对于指导司法实践，准确打击犯罪，具有现实意义。在司法实务中适用这一司法解释时，只要司法机关严格按照相关规定执行，不枉不纵，就一定能够有效控制犯罪势头、净化网络环境，同时保障公民正当的言论自由权利。

——2013 年 9 月 11 日《人民日报》

中国刑法学研究会副会长、武汉大学法学院教授莫洪宪：《解释》规定并不会导致国家机构由此获得免受公众批评与举报的“保护伞”。恰恰相反，政府与公众人物应当受到更广泛的监督，司法机关对公民的网络反腐行为应当具备更加宽容、广阔的胸襟。即使公民通过网络对政府或其工作人员检举、揭发的内容部分失实，但只要不是故意捏造事实，或者不属于明知是捏造的信息而传播的，都不应以诽谤罪追究刑事责任。

——2013 年 9 月 16 日《检察日报》

三、“两高”“两部”《关于依法惩治性侵害未成年人犯罪的意见》：保护未成年人免受性侵害

【条目标题】

《关于依法惩治性侵害未成年人犯罪的意见》

颁布单位：最高人民法院、最高人民检察院、公安部、司法部

通过日期：2013 年 10 月 23 日

实施日期：2013 年 10 月 23 日

【制度建设成就简介】

2013 年，针对未成年人实施的奸淫、猥亵以及诱骗、组织、强迫未成年少女卖淫等违法犯罪活动时有发生，给未成年人身心健康造成了严重伤害。如安徽省潜山县小学校长奸淫幼女案、河南省桐柏县教师性侵幼女案、云南省昭通市官员奸淫幼女案等，引起社会公愤。

为了惩治性侵犯未成年人的犯罪活动，2013 年 10 月 24 日，最高人民法院、最高人民检察院、公安部和司法部在深入调研的基础上制定并发布了《关于依法惩治性侵害未成年人犯罪的意见》（以下简称《意见》）。主要内容包括：

（1）强化对性侵害未成年人犯罪的惩治力度。《意见》明确规定："对于性侵害未成年人犯罪，应当依法从严惩治。"这主要体现在两个方面：一是程序从严。根据《意见》规定，公民和单位发现未成年人性侵害案件有报案或者举报的义务，公安机关接到报案、控告、举报后应及时受理，并及时采取有关的紧急或者临时措施。二是处罚从严。《意见》明确规定了 7 种针对未成年人实施强奸、猥亵犯罪的从严处罚情形，内容涉及主体身份（如对未成年人负有特殊职责的人员、国家工作人员等）、场所（进入未成年人住所、学生集体宿舍）、手段（采取强制手段）、对象（如对不满 12 周岁的儿童、农村留守儿童）、后果（造成未成年被害人轻伤、怀孕、感染性病等）、情节（猥亵多名未成年人，或多次实施强奸、猥亵的）、前科等多个方面。同时，对组织、强迫、引诱、容留、介绍未成年人卖淫的，也要从严惩处，并确立了对强奸未成年人的成年犯罪人一般不适用缓刑的原则。

（2）突出对未成年被害人的隐私保护。《意见》强调对外公开的诉讼文书，不得披露未成年被害人的身份信息及可能推断出其身份信息的其他资料。同时，强调办案人员调查取证时，应当避免驾驶警车、穿着制服或者采取其他可能暴露被害人身份、影响被害人名誉、隐私的方式。未成年被害人、证人确有必要出庭的，应当根据案件情况采取不暴露外貌、真实声音等保护措施。

（3）明确规定两种情形下奸淫幼女与嫖宿幼女的界限。为避免有人利用嫖宿幼女罪名为奸淫幼女行为开脱，《意见》明确规定两种嫖宿幼女行为仍属奸淫幼女：一是以金钱财物等方式引诱幼女与自己发生性关系的；二是知道或者应当知道幼女被他人强迫卖淫而仍与其发生性关系的。在前一种行为中，行为人主观上具有奸淫的故意，金钱财物的引诱只是奸淫幼女的手段；后一种行为中，行为人实际上利用了他人的强迫行为奸淫幼女。

（4）强化对未成年被害人的经济赔偿与救助。合理的经济救济有助于消除性侵害犯罪对未成年被害人造成的身心伤害，帮助他们渡过难关。《意见》规定，未成年人因被性侵害而造成的人身损害赔偿范围，包括为进行康复治疗所支付的医疗费、护理费、交通费、误工费等合理费用。未成年被害人及其法定代理人、近亲属提出赔偿请求的，法院应依法予以支持。

《意见》还明确规定教育机构保护不力应负赔偿责任。未成年人在幼儿园、学校或者其他教育机构学习、生活期间被性侵害而造成人身损害，被害人及其法定代理人、近亲属向法院起诉要求上述单位承担赔偿责任的，法院应依法予以支持。

此外，《意见》还明确了未成年被害人的优先救助权。司法机关对未成年被害人因性侵害犯罪而造成人身损害，不能及时获得有效赔偿，生活困难的，优先考虑予以司法救助。

【制度影响】

《关于依法惩治性侵害未成年人犯罪的意见》充分考虑未成年被害人权利保障的需要，针对性侵害未成年人犯罪的特点和严重危害，对性侵害未成年人犯罪从严惩治，为司法机关办理性侵害未成年人案件提供了定罪量刑方面的重要参考。该《意见》发布实施，有利于惩治奸淫幼女等犯罪行为，更充分地保障留守儿童的合法权益。

【各方观点】

中国刑法学研究会会长、北京师范大学刑事法律科学研究院院长赵秉志：《意见》针对性侵害未成年人犯罪的严重危害和特点，充分考虑加强对未成年被害人权利保障的需要，鲜明体现了对性侵害未成年人犯罪的从严惩治，我国相关刑事司法机关应予以坚决贯彻。

——2013 年 10 月 26 日《检察日报》

中国政法大学青少年犯罪教研室主任、青少年犯罪与少年司法研究中心主任皮艺军：联合国《儿童权利公约》第 3 条第 1 款明确规定“应以儿童的最大利益为一种首要考虑”，即“儿童利益优先”原则。《意见》中的此项规定即可认为这是在我国未成年人保护法律体系中首次明确该原则，应当被认为是未成年人保护理念层面的一个进步。树立“儿童利益优先”的原则和理念一直是我国未成年人保护方面最重要、最根本的原则性问题，这对于推进国家、社会、学校、家庭等层面重视未成年人问题、保护未成年人合法权益具有重要意义，更对立法、司法、执法等环节有指导作用。

——2013 年 10 月 24 日《中国警察网》

四、“两高”《关于办理危害食品安全刑事案件适用法律若干问题的解释》：从严惩治危害食品安全犯罪

【条目标题】

《关于办理危害食品安全刑事案件适用法律若干问题的解释》

颁布单位：最高人民法院、最高人民检察院

通过日期：2013 年 4 月 28 日

实施日期：2013 年 5 月 4 日

【制度建设成就简介】

“民以食为天，食以安为先。”近年来我国食品安全形势十分严峻，重大、恶性食品安全犯罪案件时有发生，如相继出现的瘦肉精、毒奶粉、毒豆芽、地沟油、问题胶囊、病死猪肉等案件。2010 ~ 2012 年，全国法院共审结生产、销售不符合安全（卫生）标准的食品刑事案件和生产、销售有毒、有害食品刑事案件 1 533件；生效判决人数 2 088人。

“两高”《关于办理危害食品安全刑事案件适用法律若干问题的解释》（以下简称《解释》）自2013年5月4日起施行，将有力治理危害食品安全犯罪，保卫百姓餐桌。主要内容包括：

（1）明确“足以造成严重食物中毒事故或者其他严重食源性疾病”的认定标准。针对生产、销售不符合安全标准的食品罪中这一构成要件难以认定的问题，《解释》采取列举的方式，将实践中具有高度危险的一些典型情形予以类型化。如，含有严重超出标准限量的致病性微生物、农药残留、兽药残留、重金属、污染物质以及其他危害人体健康的物质的；属于病死、死因不明或者检验检疫不合格的畜、禽、兽、水产动物及其肉类、肉类制品的；婴幼儿食品中生长发育所需营养成分严重不符合食品安全标准的；等等。

（2）首次明确生产、销售不符合安全标准的食品添加剂、食品相关产品行为的定罪处罚标准。《解释》首次明确规定，生产、销售不符合食品安全标准的食品添加剂，用于食品的包装材料、容器、洗涤剂、消毒剂，或者用于食品生产经营的工具、设备等，构成犯罪的，依照《刑法》第140条的规定以生产、销售伪劣产品罪定罪处罚。

（3）明确“后果特别严重”的具体情形。《解释》规定，具有致人死亡或者重度残疾的；造成3人以上重伤、中度残疾或者器官组织损伤导致严重功能障碍的；造成10人以上轻伤、5人以上轻度残疾或者器官组织损伤导致一般功能障碍的；造成30人以上严重食物中毒或者其他严重食源性疾病的等情形，应当认定为《刑法》第143条规定的“后果特别严重”。

《解释》还规定生产、销售有毒、有害食品，生产、销售金额50万元以上，或者具有上述情形之一的，应当认定为《刑法》第

144 条规定的“致人死亡或者有其他特别严重情节”，即生产、销售地沟油最高可判处死刑。

（4）明确界定危害食品安全犯罪竞合的处理原则。《解释》确立了危害食品安全犯罪行为一般应适用危害食品安全犯罪两个基本罪名定罪处罚的原则，构成这两个基本罪名的犯罪，同时构成其他犯罪的，依照处罚较重的规定定罪处罚；虽不构成这两个基本罪名但同时构成其他犯罪的，应适用刑法有关其他犯罪的规定定罪处罚。

（5）对危害食品安全犯罪从严适用刑罚。《解释》规定，对于危害食品安全犯罪分子一般应当依法判处生产、销售金额两倍以上的罚金；对于危害食品安全犯罪分子应严格适用缓刑、免予刑事处罚；对于依法适用缓刑的，应当同时宣告禁止令，禁止其在缓刑考验期限内从事食品生产、销售及相关活动。

【制度影响】

鼠肉冒充羊肉、奶粉汞超标、地沟油充斥大小饭店、白酒塑化剂严重超标……根据相关机构统计，近 3 年来，我国的食品安全案件增加了 9 倍之多。老百姓还能吃什么？这个问题令全社会焦虑不安。然而，对生产、销售不符合安全标准的食品添加剂、食品相关产品行为如何定罪处罚，“后果特别严重”包括哪些具体情形等，相关法律规定并不明确，不利于司法机关打击此类犯罪。在此背景下，“两高”及时出台司法解释，为司法实践提供依据，以“严刑重典”惩治犯罪行为，捍卫百姓餐桌安全，引来一片喝彩。

【各方观点】

最高人民法院刑事审判第二庭庭长裴显鼎：让危害食品安全犯罪分子成为“过街老鼠，人人喊打”，所有的民众都能及时地举报，执法机关及时地查扣，司法机关能够及时地判处，力争把危害食品安全犯罪的活动消灭在萌芽状态，不能容忍这些人生产、销售不合格甚至有毒有害的食品，对危害食品安全的犯罪要从严惩处。

——2013 年 5 月 3 日《人民网》

中国法学会食品安全法治研究中心研究一处处长王伟国：对于适用生产销售不符合安全标准的食品罪时如何认定“足以造成严重食物中毒事故或者其他严重食源性疾患”，由于严重食源性疾患的鉴定并非能轻易作出，鉴定报告也难以作出明确的结论，实践中经常发生公检法机关之间认识不一致的情况，导致许多案件无法按此罪论处。这次司法解释专门针对这一问题作出了列举加兜底的 5 种情形规定，从行为方式的角度解决了危险犯的认定难题。

——2013 年 5 月 8 日《法治周末》

五、修改后消费者权益保护法：赋予消费者反悔权

【条目标题】

关于修改《中华人民共和国消费者权益保护法》的决定

颁布单位：全国人大常委会

颁布日期：2013 年 10 月 25 日

实施日期：2014 年 3 月 15 日

【制度建设成就简介】

据中国消费者协会统计，2013年上半年，全国消协组织受理网络购物投诉16 408件，同比增长99.7%。网购时代来临，催生了个人隐私泄露、网购退货难等一系列问题。2013年10月25日，第十二届全国人大常委会第五次会议通过《关于修改〈中华人民共和国消费者权益保护法〉的决定》，修改后的消费者权益保护法（以下简称修改后消法）自2014年3月15日起实施，将有效应对网购时代的新考验。主要内容包括：

（1）商家不得泄露消费者个人信息。商家特别是网络卖家掌握大量消费者的个人信息，一旦泄露势必造成侵权风险。修改后消法强调，经营者及其工作人员对收集的消费者个人信息必须严格保密，不得泄密、出售或者非法向他人提供。经营者应当采取技术措施和其他必要措施，确保信息安全，防止消费者个人信息泄露、丢失。据国家工商总局相关负责人刘俊臣介绍，工商部门也将把个人信息保护工作作为“12315”中心单独申诉举报类别进行统计。

（2）网购等方式实行无理由退货，赋予消费者后悔权。网购时代退货难问题一直困扰着消费者。对此，修改后消法规定，经营者采用网络、电视、电话、邮购等方式销售商品，消费者有权自收到商品之日起7日内退货，且无须说明理由。但消费者定做的、鲜活易腐的、在线下载的数字化商品、交付的报纸期刊等除外。经营者应当自收到退回商品之日起7日内返还消费者支付的商品价款。退回商品的运费由消费者承担。同时，法律规定了网络交易平台的连带责任。网络交易平台提供者不能提供销售者或者服务者的真实名称、地址和有效联系方式的，消费者也可以向网络交易平台提供者要求赔偿。

(3) 明星代言须负连带责任。明星只顾拿钱代言、不管商品质量的年代将一去不返，虚假广告侵权的，广告商、电视台、代言明星一个也跑不了。修改后消法规定，广告经营者、发布者设计、制作、发布关系消费者生命健康商品或服务的虚假广告，造成消费者损害的，应当与提供该商品或服务的经营者承担连带责任。同时，社会团体或者其他组织、个人在前款虚假广告中向消费者推荐商品或服务的，同样负连带责任。

修改后消法对宾馆、商场、餐馆、银行、机场、车站等经营场所的经营者作出了“应当对消费者尽到安全保障义务”的规定。对经营者的违法经营活动，除依照法律、法规规定予以处罚外，将由有关部门记入信用档案，向社会公布。

(4) 惩罚性赔偿提高至3倍。修改后消法提高对有欺诈行为的经营者的“惩罚性赔偿”，并且新增了最低赔偿制度，规定经营者提供商品或者服务有欺诈行为的，应当按照消费者的要求增加赔偿其受到的损失，增加赔偿的金额为消费者购买商品的价款或者接受服务的费用的3倍。增加赔偿的金额不足500元的，为500元。

“知假卖假”索赔有了法律撑腰。该法规定，经营者明知商品或者服务存在缺陷，仍然向消费者提供，造成消费者或者其他受害人死亡或者健康严重损害的，受害人有权要求所受损失两倍以下的惩罚性赔偿。

(5) 消费者协会可提起公益诉讼。公益诉讼是一种赋予消费者权益救济的补充途径，它是针对经营者侵害众多且不特定的消费者，在这些消费者的权益受到损害或者可能受到损害的情况下，由没有直接利害关系的主体向人民法院提起诉讼。修改后消法规定，对侵害众多消费者合法权益的行为，中国消费者协会及在省、自治区、直辖市设立的消费者协会，可以向法院提起诉讼。

【制度影响】

过去的20年间，中国市场经济和消费领域发生了翻天覆地的变化，电子商务和网络购物的流行也带来不少新问题。相隔19年，老百姓终于迎来消费者权益保护法的第二次大修改。修改后消费者权益保护法全面应对网络时代的消费习惯、消费需求变化，增加规定“七天无理由退货”“消费欺诈三倍赔偿”“500元保底赔偿”、消协可提起公益诉讼等，提升了消费者维权中的博弈能力，为保障消费者权益提供了更加有力的法律支撑。该法还进一步强化经营者的义务，明确了广告代言人的连带责任，有助于构建良好的市场环境和消费环境。

【各方观点】

全国人大常委会法工委民法室主任贾东明：无理由退货制度是退货时不需要任何理由，只要不喜欢就可以退货，这就给予了消费者单方解除合同的权利。运费由消费者承担，是从利益平衡的角度考虑，有利于电子商务行业的健康发展，同时也有利于促进消费者理性购物。

——2013年12月12日《中国人大杂志》

西南政法大学民商法学院教授侯国跃：限制格式条款，立法很重要，但更重要的是对法律的正确理解与妥当适用。关于饭店收取包间最低消费、开瓶费以及预付卡超期余额不退等规定，属于经营者单方面拟定的格式条款。一般而言，类似条款应当属于无效的格式条款。但不是没有例外，比如，专营酒水的酒吧，设置禁止自带酒水或收取开瓶费的条款是否有效，实践中就有不同意见。在判定商家是否使用不合理格式条款时，要适当区别其经营特点、是否恶意利用格式条款限制消费者权利等因素。

——2013 年 11 月 8 日《人民日报》

六、首部旅游法：全方位保障旅游者合法权益

【条目标题】

《中华人民共和国旅游法》

颁布单位：全国人大常委会

颁布日期：2013 年 4 月 25 日

实施日期：2013 年 10 月 1 日

【制度建设成就简介】

近年来，导游辱骂、殴打游客的事件屡次发生，大都因购物纠纷引发，折射出旅游行业“购物返点”乱象，侵犯了旅游者的合法权益。2013 年 4 月 25 日，第十二届全国人大常委会第 2 次会议通过《中华人民共和国旅游法》（以下简称旅游法），自 10 月 1 日起施行，明确禁止旅行社指定购物场所、强迫购物等行为。主要内容包括：

（1）禁止强迫购物。为杜绝以“零负团费”为名的强迫购物现象，旅游法规定，旅行社组织、接待旅游者，不得指定具体购物场

所，不得安排另行付费旅游项目。但是，经双方协商一致或者旅游者要求，且不影响其他旅游者行程安排的除外。同时规定，旅行社不得以不合理的低价组织旅游活动，诱骗旅游者，并通过安排购物或者另行付费旅游项目获取回扣等不正当利益。

（2）规范景点门票价格。为规范景点门票定价与涨价，旅游法规定，利用公共资源建设的景区的门票以及景区内的游览场所、交通工具等另行收费项目，实行政府定价或者政府指导价，严格控制价格上涨。拟收费或者提高价格的，应当举行听证会，征求旅游者、经营者和有关方面的意见。

为保证消费者知情权，旅游法规定，景区提高票价应当提前6个月公布。景区内的核心游览项目因故暂停向旅游者开放或者停止提供服务的，应当公示并相应减少收费。

（3）旅游者接受救助需付费。旅游法规定，旅游者在遇到危险时，有权请求救助。中国出境旅游者在境外陷于困境时，有权请求我国驻当地机构在职权范围内给予协助和保护。同时，旅游者在接受救助后，需支付应由个人承担的费用。接受救助需付费是一项国际惯例，有利于保护旅游者安全。

（4）配套行政法规同步施行。为保证旅游法的贯彻落实，国家旅游局发布《旅游行政处罚办法》，自10月1日起同步施行，对旅游法中有关行政处罚的相关规定予以细化，明确规定旅游行政处罚的种类包括警告、罚款、没收违法所得、暂停或者取消出国（境）旅游业务经营资格、责令停业整顿、暂扣或者吊销导游证或领队证、吊销旅行社业务经营许可证以及法律、行政法规规定的其他种类。

【制度影响】

2012年，我国国内出游人数近30亿人次，旅游业直接就业人员

1 300万人，关联就业人员 5 000多万人，国内旅游收入超过 2 万亿元。我国已是全球最大的国内旅游市场规模和第一出境旅游购买力国家，如此巨大的市场亟待完善的法制予以规制。旅游法的出台既顺应了旅游业发展之需，又反映了群众呼声，而且上升到国家层面保护旅游者合法权益，被称为一部以人为本、具有里程碑意义的法律。尤其是，它赋予并充分保障旅游者对产品和服务的自主选择权、拒绝交易权，以及对购买的旅游产品和服务的知情权，请求救护和保护权，有利于规制旅游业乱象，促使中国旅游业迈入良性竞争新时代。

【各方观点】

北京第二外国语学院旅游法律与产业规制研究中心主任韩玉灵：突发性事件对旅游者人身财产安全影响很大，旅游法的出台在一定程度上保障了旅游者在旅途过程中的权益。而这部法律的一大亮点是有关于旅游安全的专章，说明了政府对安全问题的关注，对人的关注。在安全这一章里，它解决了政府该干什么，经营者该干什么的问题。

——2013 年 4 月 25 日《人民网》

中国政法大学旅游法研究中心主任、教授刘红婴：旅游法在目标上采取的是较为稳妥、保守的立法姿态，文本内容基本上是原有法规、规章的集合，如《旅行社条例》《导游人员管理条例》《中国公民出国旅游管理办法》等。这些正在实施中的法规、规章，对不少现实问题，诸如导游工资、强迫购物、擅改行程等，其实已经做出规定。由法规、规章升格写进法律，只是提升了层级，而在这些方面期待大的扭转或跨越，是不现实的。

——2013 年 8 月 21 日《新京报》

七、高检院公布指导性案例：对威胁民航安全犯罪亮剑

【条目标题】

《最高人民检察院关于印发第三批指导性案例的通知》

颁布单位：最高人民检察院

通过日期：2013 年 5 月 27 日

实施日期：2013 年 5 月 27 日

【制度建设成就简介】

2013 年，扬言炸机场或谎称机场、车站、商场中有炸弹的事件屡屡发生，引起公众恐慌，严重扰乱了正常的社会秩序。2013 年 5 月 27 日，最高人民检察院第十二届检察委员会第六次会议通过《关于印发第三批指导性案例的通知》，发布三个典型案例，为处理编造、故意传播虚假恐怖信息罪提供了重要参考。第三批指导性案例的主要内容包括：

（1）李某某编造、故意传播虚假恐怖信息案。该案例强调，编造、故意传播虚假恐怖信息罪是选择性罪名。编造恐怖信息以后向特定对象散布，严重扰乱社会秩序的，构成编造虚假恐怖信息罪。编造恐怖信息以后向不特定对象散布，严重扰乱社会秩序的，构成编造、故意传播虚假恐怖信息罪。对于实施数个编造、故意传播虚

假恐怖信息行为的，不实行数罪并罚，但应当将其作为量刑情节予以考虑。

（2）卫某某编造虚假恐怖信息案。该案例强调，关于编造虚假恐怖信息造成“严重扰乱社会秩序”的认定，应当结合行为对正常的工作、生产、生活、经营、教学、科研等秩序的影响程度、对公众造成的恐慌程度以及处置情况等因素进行综合分析判断。对于编造、故意传播虚假恐怖信息威胁民航安全，引起公众恐慌，或者致使航班无法正常起降的，应当认定为“严重扰乱社会秩序”。

（3）袁某某编造虚假恐怖信息案。该案例强调，对于编造虚假恐怖信息造成有关部门实施人员疏散，引起公众极度恐慌的，或者致使相关单位无法正常营业，造成重大经济损失的，应当认定为“造成严重后果”。以编造虚假恐怖信息的方式，实施敲诈勒索等其他犯罪的，应当根据案件事实和证据情况，择一重罪处断。

【制度影响】

高检院实行的案例指导制度，是贯彻中央深化司法体制和工作机制改革的重要举措。检察案例指导制度旨在通过选编检察机关办理的在认定事实、采信证据、适用法律和规范裁量权等方面具有普遍指导意义的案例，为各级检察院办理编造、故意传播虚假恐怖信息刑事案件提供指导，特别强调依法从严打击“诈弹”威胁民航安全犯罪，与国际司法惯例接轨，让老百姓出行乘机更安心。

【各方观点】

北京大学法学院教授陈兴良：第三批指导性案例采取了专题的形式，针对当前社会广泛关注的编造、故意传播虚假恐怖信息罪，集中颁布了三个指导性案例，尤其是这三个指导性案例分别提供了编造、故意传播虚假恐怖信息罪的定罪与量刑的多个指导规则，在指导性案例的规则创新上有所作为，这是值得肯定的。我们期望，最高人民检察院的指导性案例能够为刑事检察工作提供更多的指导规则，从而实现案例指导制度的规则提供功能，以满足检察机关在检察业务活动中对于具体规则的需求。

——2013 年 5 月 29 日《检察日报》

清华大学法学院副院长、教授张建伟：针对危及民航安全犯罪，最高人民检察院发布指导性案例，为司法实践提供罗盘和指针。

——2014 年 1 月 23 日《正义网》

八、最高人民法院《关于人民法院在互联网公布裁判文书的规定》：除四种情形外裁判文书一律公开

【条目标题】

《关于人民法院在互联网公布裁判文书的规定》

颁布单位：最高人民法院

通过日期：2013 年 11 月 13 日

实施日期：2014 年 1 月 1 日

【制度建设成就简介】

早在 2010 年，最高人民法院就发布了《关于人民法院在互联网公布裁判文书的规定》，明确了裁判文书“可以”网上公开，以促进司法公正，保障公众的知情权和监督权。党的十八届三中全会通过的《中共中央关于全面深化改革若干重大问题的决定》，把“增强法律文书说理性，推动公开法院生效裁判文书”确定为健全司法权力运行机制改革的重要内容。2013 年 11 月 13 日，最高人民法院通过修改后的《关于人民法院在互联网公布裁判文书的规定》（以下简称修改后《规定》），自 2014 年 1 月 1 日起施行。修改后《规定》明确裁判文书上网“公开为原则，不公开为例外”。主要内容有：

（1）公开力度更大。与 2010 年《规定》相比，修改后《规定》的公开力度更大。如，将符合条件的裁判文书上网要求由“可以”改为“应当”；将生效裁判文书“上网审批”改为“不上网审批”；强调当事人实名公开；要求上网文书原则上不得修改、更换和撤回，确需撤回的，必须由高级法院以上负责互联网公布裁判文书的专门机构审查决定，并在中国裁判文书网办理撤回及登记备案手续；明确中国裁判文书网作为各级法院文书上网的统一平台，方便公众检索和查阅上网裁判文书。

（2）除四种情形外全部公开。为避免对裁判文书的选择性公布，修改后《规定》明确规定，除四种情形外，法院的生效裁判文书均应当在互联网公布。四种情形包括：涉及国家秘密、个人隐私的；涉及未成年人违法犯罪的；以调解方式结案的；其他不宜在互联网公布的。对于“其他不宜在互联网公布的”裁判文书的审定程序，修改后《规定》明确要求，独任法官或者合议庭认为裁判文书不宜在互联网公布的，必须提出书面意见及理由，经过部门负责人审查后报主管副院长审核确定。

（3）保护个人隐私权利和信息安全。裁判文书当事人实名公开有利于保障司法公开的真实性，但是为了平衡公众知情权与当事人及其他诉讼参与人隐私权、个人信息安全之间的利益关系，修改后《规定》明确了进行匿名处理的三种情况：婚姻家庭、继承纠纷案件中的当事人及其法定代理人；刑事案件中被害人及其法定代理人、证人、鉴定人；被判处三年有期徒刑以下刑罚以及免予刑事处罚，且不属于累犯或者惯犯的被告人。累犯或者惯犯被告人的危险性相对较大，实名公布其姓名，能够增强公众的防范意识。同时，对自然人的家庭住址、通信方式、身份证号码、银行账号、健康状况等个人信息，未成年人的相关信息，法人以及其他组织的银行账号，商业秘密以及其他不宜公开的内容，进行删除处理，充分保护国家、社会的利益和相关个人的合法权益。

【制度影响】

目前，裁判文书上网工作在各地取得了长足的进展，得到了社会各方的好评与拥护。在互联网公布的裁判文书保留当事人的姓名或者名称等真实信息，既能更好地保障公众知情权和监督权，同时也有利于促进社会诚信体系的建立。裁判文书上网是司法公开的重要一环，也是推进司法公开、完善司法权运行机制的重要抓手。裁判文书“e 公开”倒逼司法公正，让人民群众在每一份裁判文书上都检阅到公平正义，让人民群众在每一个司法案件中都感受到公平正义。

【各方观点】

西南政法大学教授高一飞：裁判文书公开是司法公开的核心，

裁判文书上网将使中国司法公开走上新台阶。

——2014 年 1 月 20 日《人民法院报》

北京大学法学院教授傅郁林：实现四级法院裁判文书上网公开对于各级法院，是一个“牵一发而动全身”的“突破性改革”，将会给裁判文书的起草者——各级法院的一线法官带来工作量的激增以及风险、责任。

——2013 年 12 月 10 日《中国青年报》

九、社会保险费申报新规：用工 30 日内必须上“五险”

【条目标题】

《社会保险费申报缴纳管理规定》

颁布单位：人力资源和社会保障部

颁布日期：2013 年 9 月 26 日

实施日期：2013 年 11 月 1 日

【制度建设成就简介】

社会保险费，指由用人单位及其职工依法参加社会保险并缴纳的职工基本养老保险费、职工基本医疗保险费、工伤保险费、失业保险费和生育保险费等“五险”。实际中，用人单位不按规定足额给员工缴纳社保费、不给“临时工”上社会保险、员工对自己的社保费每月缴纳多少不知情的现象屡见不鲜。社会保险费申报缴纳一直是职工权益保护的重灾区。对此，人力资源和社会保障部出台《社会保险费申报缴纳管理规定》（以下简称《规定》）自2013年11月1日起施行，严格规定用人单位缴纳社保费的义务。《规定》主要内容包括：

（1）单位用工首月内应给员工上“五险”。员工上班第一个月起，用人单位需按月为员工缴纳社会保险费。根据《规定》，用人单位应当自用工之日起30日内，为其职工申请办理社会保险登记并申报缴纳社会保险费。用人单位未按时足额代缴的，社会保险经办机构应当责令其限期缴纳，并自欠缴之日起按日加收0.5%的滞纳金。用人单位不得要求职工承担滞纳金。

（2）社保机构可从欠费单位账户直接扣款。单位拖欠保费，社保机构依法可以从单位账户直接扣款。根据《规定》，用人单位未足额缴费未按照期限补缴的，社会保险经办机构可以按照《社会保险法》第63条第2款的规定，向用人单位开户银行或者其他金融机构查询其存款账户，并根据查询结果向所属的社保行政部门申请作出划拨社会保险费的决定。

经查询，用人单位账户余额少于应当缴纳的社会保险费数额的，或者划拨后用人单位仍未足额清偿社会保险费的，社会保险经办机构可以要求用人单位以抵押、质押的方式提供担保。

（3）缴费明细情况应告知本人。社保信息公开需保障职工本人的知情权。按照《规定》，用人单位应当按月将缴纳社会保险费的明细情况告知职工本人，每年向本单位职工代表大会通报，或者在本单位公布全年社会保险费缴纳情况。此外，社会保险经办机构应当至少每年一次向社会公布社会保险费征收情况，接受社会监督。

【制度影响】

社会保险费申报缴纳管理规定顺应社会发展现实，积极进行制度革新，进一步明确用人单位及时履行社保缴纳义务，给就业人员带来了切实的福音，提高了他们的社会保障水平。该规定还对用人单位未按时足额缴费加大处置力度，与社会保险法相关规定衔接，体现了政府严格执法，确保社保征收，保障劳动者权益的目的。用人单位如果发生欠缴情况，将陆续面对社保经办机构的社保欠费直接划拨、社保行政部门的罚款、法院的滞纳金强制执行。尤其是社保欠费的直接划拨，是法规赋予社保经办机构的一项行政强制措施权，可不经司法程序，只需报所属的社会保险行政部门批准，即可从用人单位的银行账户直接划拨欠费，具有很高的行政执行效率，有利于及时弥补劳动者的受损权益。

【各方观点】

北京师范大学管理学院、政府管理研究院院长助理果佳：将工伤与生育险纳入强制缴纳的意义在于增强了非公有企业职工、小企业职工及农民工的保障。

——2011年11月15日《网易财经》

中国青年报社张贵峰：如何在提升社会保险保障程度的同时，又能尽可能地降低、避免上述这些可能带来的社保负担风险呢？出路显然只能是：强化政府之于社会保险的保障责任。一方面，在增加企业缴纳工伤和生育险的同时，政府应降低这两项社保的缴费费率，进一步，还可同样降低目前既有的其他三项社保的费率——将高达工资40%乃至50%的畸重社保负担彻底降下来；另一方面，让政府公共财政为由此减少的社保收入兜底，将政府公共投入作为社会保险的重要资金来源。

——2011 年 11 月 17《中国青年报》

十、修改后公司法：降低公司设立门槛

【条目标题】

《关于修改〈中华人民共和国海洋环境保护法〉等七部法律的决定》

颁布单位：全国人大常委会

通过日期：2013 年 12 月 28 日

实施日期：2014 年 3 月 1 日

【制度建设成就简介】

2013 年 12 月 28 日，第十二届全国人大常委会第六次会议通过关于修改《中华人民共和国海洋环境保护法》等 7 部法律的决定。其中修改后公司法共修改了 12 处，如 1 元就可以注册公司；申请时无须硬凑资本，只要诚实承诺；松绑公司登记，不需要提交验资报告等，引发社会强烈关注。修改后公司法于 2014 年 3 月 1 日起实施。

主要内容包括：

（1）将注册资本实缴登记制改为认缴登记制。这一改变表明，除法律、行政法规以及国务院决定对公司注册资本实缴有另行规定的以外，取消了关于公司股东（发起人）应自公司成立之日起2年内缴足出资，投资公司在5年内缴足出资的规定；取消了一人有限责任公司股东应一次足额缴纳出资的规定。转而采取公司股东（发起人）自主约定认缴出资额、出资方式、出资期限等，并记载于公司章程的方式。

（2）放宽注册资本登记条件。除对公司注册资本最低限额有另行规定的以外，取消了有限责任公司、一人有限责任公司、股份有限公司最低注册资本分别应达3万元、10万元、500万元的限制；不再限制公司设立时股东（发起人）的首次出资比例以及货币出资比例。

（3）简化登记事项和登记文件。有限责任公司股东认缴出资额、公司实收资本不再作为登记事项。公司登记时，不需要提交验资报告。

修改后公司法为推进注册资本登记制度改革提供了法制基础和保障。据悉，下一步工商总局将研究并提出修改公司登记管理条例等行政法规的建议，同时积极构建市场主体信用信息公示体系，并完善文书格式规范和登记管理信息化系统。

【制度影响】

修改后公司法进一步降低了公司设立门槛，让更多的人有机会“白手起家”。这一变革不但对促进小微企业、创新型企业成长具有重要积极意义，也昭示着主管部门的管理理念将由“严进宽管”向

“宽进严管”转变。公司设立门槛的降低，也引起人们对公司成立风险的关注，如何保护债权人利益、完善企业主体信用等制度，有望提上日程。

【各方观点】

中国人民大学商法研究所所长刘俊海：取消最低注册资本并不是不需要实有资本。股东“认缴制”构成了对社会公众与广大潜在债权人的承诺，虽然在公司成立之时不必缴纳，但迟早是要缴纳的。倘若公司资不抵债、陷入破产偿债程序，曾经信誓旦旦地认缴天价注册资本的股东，就必须在其承诺的认缴注册资本的范围内对公司的债权人承担连带清偿责任。

——2014 年 1 月 6 日《中国青年报》

国务院法制办主任宋大涵：将公司注册资本实缴登记制改为认缴登记制是新修改的公司法最突出的亮点。这是为了进一步激发中小投资者的创业活力，落实《国务院机构改革和职能转变方案》关于将公司注册资本实缴登记制改为认缴登记制的要求。

——2014 年 1 月 7 日《中国经济网》

【专家点评】熊秋红：法律制度建设正在朝精细化方向发展

完备的法律体系是实现法治的前提和基础。在中国特色社会主义法律体系形成之后，法律制度仍然面临着修改、完善和补充的问题。在“2013 年中国十大法律制度建设成就”中，从规范性文件的制定主体来看，有 4 项来自于全国人大常委会，其余 6 项来自于“两高”、公安部、司法部、人力资源和社会保障部。与上一年度相比，规范性文件的层级发生了明显的变化，2012 年十大法律制度建设成就中，有 8 项来自于全国人大及其常委会，仅有 2 项来自于“两高”和其他部门。这种“重心下移”表明，我国的法律体系建设正在向纵深发展，法律制度建设进入到了一个更高层次。

2013 年的法律制度建设采取了“整体推进与重点突破”的战略。该战略以建立法治国家、法治政府、法治社会为终极目标，着眼于新的实践和发展，着重于解决人民群众关切的突出问题，贴近实践、贴近民生，坚持惩罚犯罪与保障人权并重，促进市场经济发展，创新社会治理方式，保障司法公开、公正，通过完善法律制度，来营造安全稳定的社会环境、公平正义的法治环境和优质高效的服务环境。

从 2013 年十大法律制度建设成就的具体内容来看，鲜明地体现出我国的法律制度建设正在从粗放式阶段向精细化阶段发展。如惩治网络谣言的司法解释明确了利用网络实施诽谤、寻衅滋事、敲诈勒索、非法经营等犯罪的认定标准和处罚标准；关于惩治性侵未成年人犯罪的意见，明确了诸多法律适用和政策把握中的疑难问题和界定标准；关于严惩危害食品安全犯罪的司法解释系统地解决了危害食品安全犯罪行为的定罪和量刑问题；高检公布的指导性案例明确了编造、故意传播虚假恐怖信息罪中一些犯罪构成要件的判断标准以及本罪和他罪的区分等问题；旅游法则采取综合立法模式，对旅游者、旅游规划、旅游经营、旅游服务、旅游安全、旅游监管、旅游纠纷处理、法律责任等作了较为全面的规定。

在 2013 年十大法律制度建设成就中，有 4 项立足于加强对犯罪的打击力度，占有最大比重。利用信息网络实施诽谤、性侵未成年人、危害食品安全、威胁民航安全等犯罪，挑战的是社会的伦理道德底线，在社会上造成了极为恶劣的影响，需要采取“零容忍”的姿态对其进行严厉打击。

网络在给人们的信息交流带来快捷方便的同时，也使谣言“插上了飞翔的翅膀”，不仅严重侵害公民的名誉权，而且严重威胁社会稳定，必须用刑罚的利剑铲除这一“社会毒瘤”。虚拟空间是现实空间的延伸，已经被界定为公共场所，言论自由不能成为网络谣言的挡箭牌和庇护所。加强对网络谣言的打击，有助于净化网络环境。

未成年人是国家的未来，我国目前有3亿多未成年人，留守儿童、单亲儿童、在校学生这些弱势群体，是全社会所关爱的对象。性侵未成年人犯罪给未成年人的身心健康造成了严重伤害，法律必须为保护未成年人权益架起一道不容触碰、不可逾越的高压线，“两高”“两部”的意见充分体现了“最高限度保护、最低限度容忍”的原则。

“民以食为天、食以安为先”，食品安全关乎民族兴衰。食品安全犯罪严重危害公民身体健康和生命安全，严重扰乱市场经济秩序，严重影响社会和谐稳定，只有“铁面问责、铁腕执法”，才能确保“舌尖上的安全”。“两高”的司法解释通过严密刑事法网、明确犯罪界限、细化量刑标准、强化司法认定，确保了对此类犯罪的打击效果。

编造、故意传播虚假恐怖信息，威胁民航安全的犯罪是一种低成本犯罪，但危害巨大，包括造成经济损失、引发公众恐慌、扰乱社会秩序，因而激起公愤。高检采取专题方式集中公布指导性案例，有利于震慑犯罪分子，同时增强公众的公共安全责任意识。

其他的6项法律制度建设成就大致可分为三类：

第一类是促进市场经济发展的法律制度，包括上海自贸区破除制度桎梏和修改后的公司法降低公司设立门槛。这些举措贯彻了“市场起决定性作用”的原则，体现了鼓励投资、深化开放、发展经济、调整结构和解决就业的立法意旨。

第二类是加强对公民权益保护的法律制度，包括保护消费者、旅游者和劳动者的合法权益。网络购物“无理由退货”、网购消费者享有“后悔权”、消费者协会可提起公益诉讼等，让“互联网再大，也大不过法网”。旅游法赋予旅游者对产品和服务的自主选择权、拒绝交易权、知情权以及请求救护和保护的权利，有利于促进旅游业健康、平稳、有序发展，使我国从旅游大国发展为旅游强国。社会保险费申报新规，最大限度地保护了职工权益。

第三类是深化司法公开的法律制度，即高法关于在互联网公布裁判文书的规定。该规定强调全面公开、真实公开、及时公开、统一公开、方便检索等原则，为推进司法公开迈出了实质性的一大步。

英国作家狄更斯在其名著《双城记》中说：“这是一个最好的时代，也是一个最坏的时代。”法律制度是我们所处的这个时代的缩影。正是为了应对道德沦丧、物欲横流、唯利是图这些丑恶的社会现象，才有了“治乱世用重典”的历史回声；同时，改革开放带来了社会稳定、经济繁荣、民生改善和法治进步，我们面临着前所未有的历史机遇。法制建设倒逼道德建设，法制建设护航社会发展。在追寻中国梦的进程中，法制建设将伴我们一路前行。

第二节　2013年中国十大影响力法学理论研究成果

（1）《斑马线上的中国：法治十年观察》，邓子滨著，法律出版社2013年版。

（2）《论自然资源国家所有权的宪法规制功能》，王旭著，载《中国法学》2013年第6期。

（3）《社区矫正法（专家建议稿）》，赵秉志主编，中国法制出版社 2013 年版。

（4）《刑法客观主义与方法论》，周光权著，法律出版社 2013 年版。

（5）《现实与理想：关于中国刑事诉讼的思考》，左卫民著，北京大学出版社 2013 年版。

（6）《知识产权法价值的中国语境解读》，吴汉东著，载《中国法学》，2013 年第 4 期。

（7）《劳动教养制度的终止与保安处分的法治化》，时延安著，载《中国法学》2013 年第 1 期。

（8）《中国第三人撤销之诉的制度构成与适用》，张卫平著，载《中外法学》2013 年第 1 期。

（9）专家《论检察》丛书，陈光中、傅宽芝等著，中国检察出版社 2013 年版。

（10）《行政诉讼法与行政复议法的修改和完善》，应松年主编，中国政法大学出版社 2013 年版。

一、《斑马线上的中国：法治十年观察》

【成果观点】

斑马线是具体而生动的全民法治课堂，应当在这里学会建设无需权力的秩序，也由此提升人的尊严和自治。

【成果简介】

汽车不但不礼让行人，还经常与行人抢行；行人则报以鄙夷和敌视。这是中国城市街头随处可见的一幕，也是中国现时法治状况的缩影。我们有一定的法治标示和路径，正如我们有了斑马线，但我们并没有认真遵循法治的规则，正如我们没有严格遵守交通法规。

从测谎仪到摄像头，从安检到城管，从公捕公判到因言获罪，法治十年观察，中国法治建设路程何其艰辛。法治是一种许诺，“走在斑马线上是安全的”。但若不能真诚落实法治，斑马线将成为死亡线，死因则是对制度的信赖。在本书冷静而富有感情的文字里，读者会发现，法治还在艰难前行，法律人一直在为法治的启蒙而呐喊。

【推荐理由】

本书是一种健全法律思维的展现，既能让每一位法律人静下心来思考，又能启发非法律人士对社会中发生的许多问题如何以法律的思维介入，从而起到法治启蒙的作用。

【各方评价】

该书在 2013 年亚马逊中国网站理论法学图书销售排行榜和当当网法律图书销售排名均名列前茅。简约的文字，深邃的思想，犀利的笔触，辩证的逻辑，邓子滨教授《斑马线上的中国》一书为我们展示了一幅当下中国“为权利而斗争”的壮丽图景。

——陈兴良 北京大学教授

闪耀的洞察力和直觉散步在单调乏味的案例里，你习以为常的定见会突然之间彻底崩塌。等回过味来，我们发现他的分析显而易见又完全新鲜。作者有着似乎与生俱来的“法感觉”，这种禀赋在法律人中也殊为难得。总之这是一部带感的书。

——郭光东　《博客天下》《人物》出版人

一种健全法律思维的展现。

——贺卫方　北京大学教授

二、《论自然资源国家所有权的宪法规制功能》

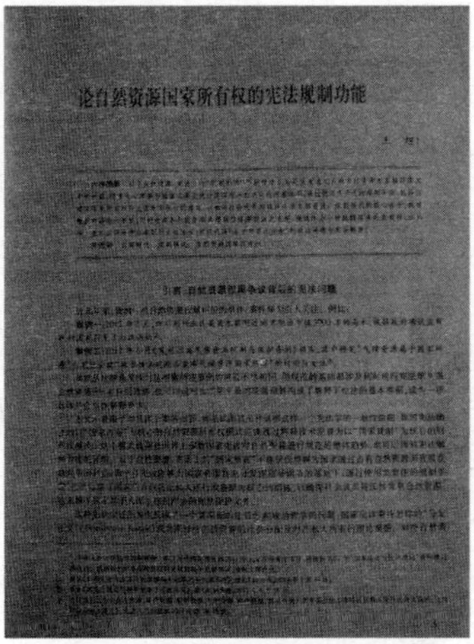
论自然资源国家所有权的宪法规制功能

【成果观点】

我国宪法确立的以“国家占有”为核心的自然资源所有权模式应该通过解释技术发展为以“国家规制”为核心的财产权模式。

【成果简介】

对于自然资源，宪法上的“国家所有”不能简单被认为是国家通过占有自然资源而直接获取其中的利益，而首先应理解为国家必须在充分发挥市场的决定作用基础下，通过使用负责任的规制手段，包括以建立国家所有权防止垄断为核心的措施，以确保社会成员持续性共享自然资源。规制模式的核心在于：既要维护市场的公平性，同时也戒备与民争利的攫取型资源财政之生成，强调作为一种规制国家的负责性、公共性；最终共同维护公有制的主体地位，实现我国“基于平等之自由”的政治道德与宪法精神。

【推荐理由】

在人与自然的和谐共处中，关于自然资源的法律制度尤为重要。文章主要论述自然资源最重要的法律问题——所有权模式，但不着眼于对具体个案的回答，而是试图提出并证明这样一个宪法学的一般性命题：我国宪法确立的以“国家占有”为核心的自然资源所有权模式应该通过解释技术发展为以“国家规制”为核心的财产权模式。

文章以宪法解释学的方法系统地论证了自然资源国家所有权在宪法文本上的性质，揭示了规范与价值之间的相互关系，论证了自然资源的“国家所有”的规范结构。作者将文本、历史与规范结合起来，建构分析自然资源国家所有权的框架与方法，提出的政策建议具有重要的理论与实践价值。

【各方评价】

中国人民大学法学院院长、中国宪法学研究会会长韩大元教授认为：该文以宪法解释学的基本方法，对我国宪法文本中规定的自然资源国家所有权制度进行了富有新意和理论深度的内涵发掘，证明了该规范的真正基础在于将国家所有理解为一种既防止私人过度获取，又警惕政府滥用的规制工具，并以此功能统合了宪法与民法的规范秩序。文章立足于“平等的自由观”的政治哲学立场，对当下中国法治发展也富有积极启示意义。文章一经刊出，中国宪政网、法治政府网、北大法律信息网纷纷予以转载，属于在宪政类文章中影响较大者之一。

三、《社区矫正法（专家建议稿）》

【成果观点】

社区矫正制度的引入是中国刑事法改革的重要发展，一部能够合理规定社区矫正的地位和性质、区分需要进行社区监管和回归社会的罪犯、建立及理顺矫正机构之间关系、实施标准矫正计划、提高工作人员职业化水平、确保社区矫正服务资源可持续性的法律，将为社区矫正的进一步发展提供法律框架。

【成果简介】

本书以“中加关于中国社区矫正的立法发展”项目成果——《社区矫正法（专家建议稿）》为核心，分上、中、下三编。上编是“社区矫正法（专家建议稿）”，包含社区矫正法（专家建议稿）的中文条文、立法理由和英文条文；中编是“社区矫正法（专家建议稿）相关资料”，包含“中加关于中国社区矫正的立法发展”项目及执行情况说明、“中加关于中国社区矫正的立法发展”项目组赴加考察报告、中国的社区矫正与《社区矫正法（专家建议稿）》的起草说明等；下编是“国际社会社区矫正相关资料”，翻译并整理了联合国、欧盟有关社区矫正的国际和地区公约，以及澳大利亚、德国、法国、芬兰、加拿大、美国、日本、新加坡、英国等国家有关社区矫正的立法条文。

【推荐理由】

随着《刑法修正案（八）》与修改后刑诉法的贯彻实施，社区矫正已经成为我国重要刑罚执行制度。然而在立法层面，我国社区矫正的具体依据主要是《社区矫正实施办法》，缺乏系统、全面的社区矫正专门立法。目前，有关部门正在积极开展社区矫正法的专门立法研究、研拟工作，而《社区矫正法（专家建议稿）》一书的问世能够为社区矫正制度的立法、执行和理论研究发展贡献力量。专家建议稿的社区矫正法合理规定了社区矫正机构和社区矫正相关机构在社区矫正工作中的职权、恰当规范社区矫正工作者的职责、科学规定社区矫正工作的相关制度、明确规定保障社区服刑人员权利的内容，结构合理、内容完备，是相关工作经验的总结和概括，能够为立法机关、其他相关机关或者机构以及有关人士提供有益参考。本书还对国际社会社区矫正相关资料进行了收集、整理、翻译，不仅可以丰富中国社区矫正的内容，而且可以为立法更好地规范社区矫正提供有效借鉴，以进一步提高社区矫正立法的质量。

【各方评价】

本书内容全面、资料翔实，是研究我国社区矫正立法的一项开拓性成果，对于全面、系统地了解我国社区矫正制度的发展概况和国际社会有关社区矫正制度的立法状况，推动我国社区矫正制度专门立法的发展具有积极的参考借鉴作用。

专家建议稿体系结构合理，内容全面完备，表述准确科学，既切合中国实际，又具有国际视野，对于我国社区矫正法的研拟制定具有重要的参考价值。

四、《刑法客观主义与方法论》

【成果观点】

将刑法客观主义具体化为方法，解决司法实践中的疑难问题，显示出该方法具有的强大问题解决能力。

【成果简介】

论著系统而深刻地论述了刑法客观主义与方法论在证据、刑罚方面的具体运用。上篇“刑法客观主义与方法论展开”，分别讨论了刑法方法论与司法逻辑、刑法价值判断、中国刑事案例指导制度的困境与前景等问题；中篇“刑法客观主义与证据运用”，研究明知与刑事推定、刑法与控方证明责任、证明标准的实务运用、非法证据排除、刑法与刑诉法的交错等专题；下篇“刑法客观主义与刑罚适用”部分，则对量刑程序改革的实体法支撑、量刑上的禁止不利评价原则等问题进行思考。本书对上述问题进行系统研究，意在结合刑法客观主义及其方法论、现代诉讼理念最大限度地防止刑罚适用出错，以实现刑法的人权保障功能。论著试图将刑法客观主义及其方法论贯彻到对所有刑法问题的处理中，并认为贯彻刑法客观主义的过程，是对刑法方法论的合理运用，确保客观判断绝对优先的过程，也是刑事程序法观念在实体法上得以运用的过程。论著的核心内容是：合理的刑法理论必须顾及方法论的合理性，必须考虑刑事程序与司法逻辑，必须有助于解决某些司法难题，以最终实现人权保障目标。

【推荐理由】

《刑法客观主义与方法论》一书以司法实践为最终着眼点，将客观主义系统转化为一种具体方法，并展现了该方法具有的强大问题解决能力，这是论著最大的创新之处。论著注重理论与实践结合、实体与程序结合，兼涉证据领域的问题，对运用客观主义立场的各种方法论进行研究，并以之为主线，对刑法客观主义与诉讼要求、证明标准等实务专题进行探讨，不仅符合刑事法的发展方向，展现了刑事一体化的理论图景，也具体阐明了客观主义方法论对刑事证明问题的解决思路。

【各方评价】

《刑法客观主义与方法论》第一次系统论述了客观主义的刑法立场，将客观主义具体化为一种方法论，讨论该方法在证据运用、刑罚适用中的强大问题解决能力，极具开创性。结合最新的法律法规，突出客观主义解决量刑中的种种问题，使论著创新性与实用性兼具。

论著对刑法客观主义下的刑法方法论的总体全貌进行深入研究，并对某些具体的研究路径进行了深入思考。这种兼顾体系性思考与问题性思考的研究进路，将问题性解决放置于客观化、精巧化、实质化的体系性理论研究之中，凸显出刑法基本立场与方法论问题的重要性。无疑，这将是影响未来中国刑法学长足发展的关键性问题。

五、《现实与理想：关于中国刑事诉讼的思考》

【成果观点】

进入21世纪以来，中国刑事诉讼制度整体呈现出主体多元化、途径多样化、形式互动化以及方式回应性等特征，一条中国式的刑事诉讼法道路正在形成。

【成果简介】

《现实与理想：关于中国刑事诉讼的思考》对刑事诉讼法修正案草案和修正后颁布的立法条文，以及社会的反响与知识界的活动进行了深入的研究。这其中既包括对相关立法条款实践状况的实证研究，也包括对拟定立法的规范性分析，特别是作者使用了其擅长的交叉学科范式来观察此次立法，并最终认为，这是一次重要的立法，也是一场未完成的转型。作者结合刑事诉讼制度变迁阐释了中国当代刑事诉讼实践是如何在各种主体的作用下展开的，并且着重探讨了通过各种主体的实践活动可否促成中国刑事诉讼制度的现代化转型。通过对当代中国刑事诉讼知识体系的反思和达马斯卡对中国刑事诉讼制度改革的启示，证明了达马卡斯的命题是部分成立的，并且，中国刑事诉讼法律移植的现实在一定程度上对达马卡斯的命题提出了修正意见，甚至进一步发展了该命题。作者欣喜地发现，国家之外的社会力量开始以新的方式塑造中国法律，他认为这是中国整体的立法模式开始新的、良性的变化，并随后提出了应当确立基于实证研究的刑事诉讼修改范式这一构想。在对具体制度的论述中，论著详细评述了被追诉人财产保护、“秘密拘捕”、监视居住、附条件不起诉、简易程序、量刑改革等多项制度，有探讨、有反思、也有期许。

【推荐理由】

立法者虽然谦虚地将2012年刑诉法的修改称为修正案，但多达110条修正内容且由全国人民代表大会通过表明了我国刑事诉讼法近乎全面修改。如何解读这次立法？未来它会如何影响中国的司法实务乃至中国社会和政治变迁？这无疑引起刑事诉讼研究者们的极大关注与深思。论著始终保持一种中立、客观的研究立场，作为一个阐释者展开研究，着力讨论了在法律是被生产的现代性观念之下，中国当代刑事诉讼实践是如何在各种主体的作用下展开的，并且着重探讨了通过各种主体的实践活动可否促成中国刑事诉讼制度的现代性转型；强调在法律的生产过程中，各种社会主体需要互动，需要不断地进行交往性的讨论与沟通。作者认为未来中国刑事诉讼制度的变迁需要多方参与，尤其是社会与被告人、被害人等的参与，在理性思考的基础上进行公开讨论，并注重学者的建言与各级司法机构的试点与实验性改革经验。论著立足于本土主义的反简单化法律移植观点，基于交叉背景的学术取向，创造性地运用抽象理论范畴来分析现实，铸造一种崭新且更具说服力的理论体系，克服了对西方诉讼制度研究的局部性、技术性和偏向性；能够准确感知西方制度的整体性和复杂性，助益于建立科学的比较法尤其是比较刑事诉讼法学术体系，并站在巨人的肩膀上提炼出中国的诉讼程序模式。

【各方评价】

《现实与理想：关于中国刑事诉讼的思考》针对刑事诉讼法修正案草案和修正后颁布的立法条文，以及社会的反响及知识界的活动进行了深入的研究。其中对被追诉人财产权的保护、“秘密拒捕”、监视居住、附条件不起诉、简易程序中公诉人出庭等问题进行了详细的阐述。其研究为刑事诉讼制度立法改革提供了新视角，对理论界及司法实务界具有一定的参考价值。

——亚马逊编辑推荐

《现实与理想：关于中国刑事诉讼的思考》一书以中国刑事诉讼制度变革为关注点，作者左卫民不但对拟定立法条款进行了规范性分析，也对相关立法条款的实践状况展开了实证研究，从而得以客观评估刑事诉讼法修改所带来的真实效应。本书的研究范式及研究发现，不仅为刑事诉讼理论研究提供了新思维，也为刑事诉讼制度立法改革提供了新视角、新启发。

——《法制日报》

六、《知识产权法价值的中国语境解读》

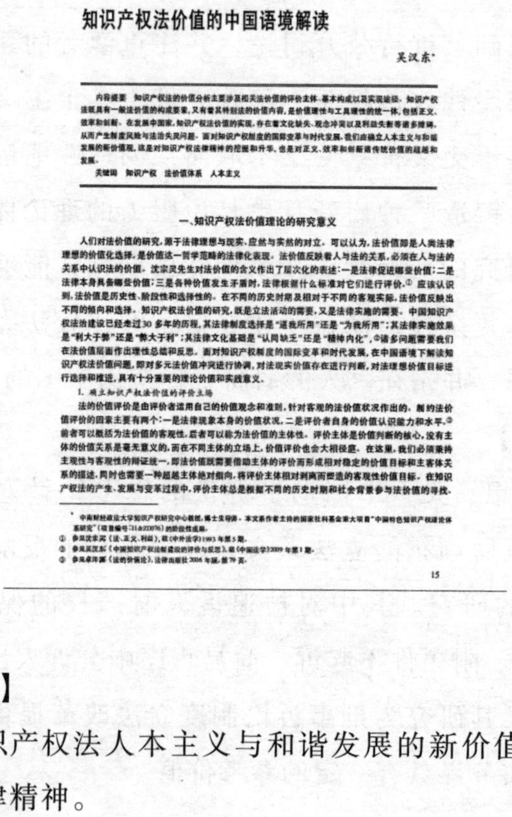

知识产权法价值的中国语境解读

吴汉东*

内容提要　知识产权法的价值分析主要涉及相关法价值的评价主体、基本构成以及实现途径。知识产权法既具有一般法价值的构成要素，又有着其特别法的价值内容，是价值理性与工具理性的统一体，包括正义、效率和创新。在发展中国家，知识产权法价值的实现，存在着文化缺失、观念冲突以及利益失衡等诸多障碍，从而产生制度风险与法治失灵问题。面对知识产权制度的国际变革与时代发展，我们应确立人本主义与和谐发展的新价值观，这是对知识产权法律精神的挖掘和升华，也是对正义、效率和创新诸传统价值的超越和发展。

关键词　知识产权　法价值体系　人本主义

一、知识产权法价值理论的研究意义

人们对法价值的研究，源于法律理想与现实、应然与实然的对立。可以认为，法价值即是人类法律理想的价值化选择，是价值这一哲学范畴的法律化表现。法价值反映着人与法的关系，必须在人与法的关系中认识法的价值。沈宗灵先生对法价值的含义作出了层次化的表述：一是法律促进哪些价值；二是法律本身具备哪些价值；三是各种价值发生矛盾时，法律根据什么标准对它们进行评价。① 应该认识到，法价值是历史性、阶段性和选择性的。在不同的历史时期及相对于不同的客观实际，法价值反映出不同的倾向和选择。知识产权法价值的研究，既是立法活动的需要，又是法律实施的需要。中国知识产权法治建设已经走过30多年的历程，其法律制度选择是"逼我所用"还是"为我所用"；其法律实施效果是"利大于弊"还是"弊大于利"；其法律文化基础是"认同缺乏"还是"精神内化"，②诸多问题需要我们在法价值层面作出理性总结和反思。面对知识产权制度的国际变革和时代发展，在中国语境下解读知识产权法价值问题，即对多元法价值冲突进行协调，对法现实价值存在进行判断，对法理想价值目标进行选择和推进，具有十分重要的理论价值和实践意义。

1. *确立知识产权法价值的评价立场*

法的价值评价是由评价者运用自己的价值观念和准则，针对客观的法价值状况作出的。制约法价值评价的因素主要有两个：一是法律现象本身的价值状况，二是评价者自身的价值认识能力和水平。③前者可以概括为法价值的客观性，后者可以称为法价值的主体性。评价主体是价值判断的核心，没有主体的价值关系是毫无意义的，而在不同主体的立场上，价值评价也会大相径庭。在这里，我们必须秉持主观性与客观性的辩证统一，即法价值既需要借助主体的评价而形成相对稳定的价值目标和主客体关系的描述，同时也需要一种超越主体绝对指向，将评价主体相对剥离而塑造的客观性价值目标。在知识产权法的产生、发展与变革过程中，评价主体总是根据不同的历史时期和社会背景参与法价值的寻找。

* 中南财经政法大学知识产权研究中心教授，博士生导师。本文系作者主持的国家社科基金重大项目"中国特色知识产权理论体系研究"（项目编号：11&ZD076）的阶段性成果。

① 参见沈宗灵《法、正义、利益》，载《中外法学》1993年第5期。

② 参见吴汉东《中国知识产权法制建设的评价与反思》，载《中国法学》2009年第1期。

③ 参见卓泽渊《法的价值论》，法律出版社2006年版，第79页。

15

【成果观点】

应确立知识产权法人本主义与和谐发展的新价值观，挖掘和深化知识产权法律精神。

【成果简介】

知识产权法的价值分析主要涉及相关法价值的评价主体、基本构成以及实现途径。知识产权法既具有一般法价值的构成要素，又有着其特别法的价值内容，是价值理性与工具理性的统一体，

包括正义、效率和创新。在发展中国家，知识产权法价值的实现，存在文化缺失、观念冲突以及利益失衡等诸多障碍，从而产生制度风险与法治失灵问题。面对知识产权制度的国际变革与时代发展，我们应确立人本主义与和谐发展的新价值观，这是对知识产权法律精神的挖掘和升华，也是对正义、效率和创新诸传统价值的超越和发展。

【推荐理由】

中国知识产权法治建设已经走过30多年的历程，其法律制度选择是“逼我所用”还是“为我所用”？其法律实施效果是“利大于弊”还是“弊大于利”？其法律文化基础是“认同缺乏”还是“精神内化”？诸多问题需要我们在法价值层面作出理性总结和反思。

本文作者面对知识产权制度的国际变革和时代发展，在中国语境下解读知识产权法价值问题，即对多元法价值冲突进行协调，对法现实价值存在进行判断，对法理想价值目标进行选择和推进，具有十分重要的理论价值和实践意义。作者主张，以综合治理应对制度失灵，化解现代知识产权运行中的政策风险；以知识共享弥补权力垄断，促进中国知识产权事业中每个人和一切人的全面发展；以国际合作代替南北对抗，建构知识产权保护体系中的“和谐世界”，这是中国乃至国际知识产权界共同面临的时代问题，也是人类社会实现知识产权法治理想的价值目标。

【各方评价】

本文为作者主持的国家社科基金重大项目“中国特色知识产权理论体系研究”的阶段性成果。据中国知网统计，截至2014年1月，该文被下载频次为731次。

面对知识产权制度的国际变革和时代发展，作者在中国语境下解读知识产权法价值问题，对多元法价值冲突进行协调，对法现实价值存在进行判断，对法理想价值目标进行选择和推进，具有十分重要的理论价值和实践意义。

七、《劳动教养制度的终止与保安处分的法治化》

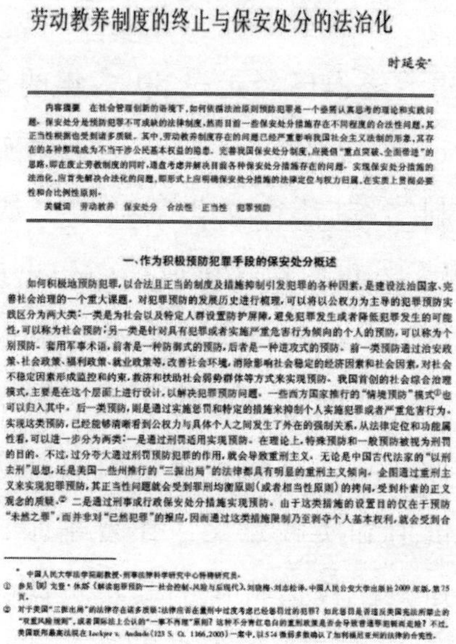

劳动教养制度的终止与保安处分的法治化

时延安*

内容摘要　在社会管理创新的语境下，如何依循法治原则预防犯罪是一个亟须认真思考的理论和实践问题。保安处分是预防犯罪不可或缺的法律制度，然而目前一些保安处分措施存在不同程度的合法性问题，其正当性根据也受到诸多质疑。其中，劳动教养制度存在的问题已经严重影响我国社会主义法制的形象，其存在的各种弊端成为不当干涉公民基本权益的隐患。完善我国保安处分制度，应提倡“重点突破、全面带进”的思路，即在废止劳教制度的同时，通盘考虑并解决目前各种保安处分措施存在的问题。实现保安处分措施的法治化，应首先解决合法化的问题，即形式上应明确保安处分措施的法律定位与权力归属，在实质上贯彻必要性和合比例性原则。

关键词　劳动教养　保安处分　合法性　正当性　犯罪预防

一、作为积极预防犯罪手段的保安处分概述

如何积极地预防犯罪，以合法且正当的制度及措施抑制引发犯罪的各种因素，是建设法治国家、完善社会治理的一个重大课题。对犯罪预防的发展历史进行梳理，可以将以公权力为主导的犯罪预防实践区分为两大类：一类是为社会以及特定人群设置防护屏障，避免犯罪发生或者降低犯罪发生的可能性，可以称为社会预防；另一类是针对具有犯罪或者实施严重危害行为倾向的个人的预防，可以称为个别预防。套用军事术语，前者是一种防御式的预防，后者是一种进攻式的预防。前一类预防通过治安政策、社会政策、福利政策、就业政策等，改善社会环境，消除影响社会稳定的经济因素和社会因素，对社会不稳定因素形成监控和约束，救济和扶助社会弱势群体等方式来实现预防。我国首创的社会综合治理模式，主要是在这个层面上进行设计，以解决犯罪预防问题。一些西方国家推行的“情境预防”模式①也可以归入其中。后一类预防，则是通过实施惩罚和特定的措施来抑制个人实施犯罪或者严重危害行为。实现这类预防，已经能够清晰看到公权力与具体个人之间发生了外在的强制关系，从法律定位和功能属性看，可以进一步分为两类：一是通过刑罚适用实现预防。在理论上，特殊预防和一般预防被视为刑罚的目的。不过，过分夸大通过刑罚预防犯罪的作用，就会导致重刑主义。无论是中国古代法家的“以刑去刑”思想，还是美国一些州推行的“三振出局”的法律都具有明显的重刑主义倾向。企图通过重刑主义来实现犯罪预防，其正当性问题就会受到罪刑均衡原则（或者相当性原则）的拷问，受到朴素的正义观念的质疑。② 二是通过刑事或行政保安处分措施实现预防。由于这类措施的设置目的仅在于预防“未然之罪”，而并非对“已然犯罪”的报应，因而通过这类措施限制乃至剥夺个人基本权利，就会受到合

* 中国人民大学法学院副教授、刑事法律科学研究中心特聘研究员。

① 参见［英］戈登·休斯《解读犯罪预防——社会控制、风险与后现代》，刘晓梅、刘志松译，中国人民公安大学出版社2009年版，第75页。

② 对于美国“三振出局”的法律存在诸多质疑：法律应否在量刑中过度考虑已经惩罚过的犯罪？如此惩罚是否违反美国宪法所禁止的“双重风险规则”，或者国际法上公认的“一事不再理”原则？这种不分青红皂白的重刑政策是否会导致普通罪犯铤而走险？不过，美国联邦最高法院在 Lockyer v. Andrade（123 S. Ct. 1166，2003）一案中，以5:4 微弱多数确认了加利福尼亚州的法律的合宪性。

【成果观点】

劳动教养制度的废止与保安处分措施的完善。

【成果简介】

在社会管理创新的语境下，如何依循法治原则预防犯罪是一个亟须认真思考的理论和实践问题。保安处分是预防犯罪不可或缺的法律制度，然而目前一些保安处分措施存在不同程度的合法性问题，其正当性根据也受到诸多质疑。其中，劳动教养制度存在的问题已

经严重影响我国社会主义法制的形象，其存在的各种弊端成为不当干涉公民基本权益的隐患。完善我国保安处分制度，应提倡“重点突破、全面带进”的思路，即在废止劳教制度的同时，通盘考虑并解决目前各种保安处分措施存在的问题。实现保安处分措施的法治化，应首先解决合法化的问题，即形式上应明确保安处分措施的法律定位与权力归属，在实质上贯彻必要性和合比例性原则。

保安处分立法如何实现保障社会安全与保护人权之间的基本平衡，是一个十分棘手的问题，保安处分措施（以及具有预防性的惩罚条款）总会受到合宪性和正当性的挑战。建立社会安全保障与保护人权之间的平衡总是历史且具体的，我们不能超越中国社会当下的发展阶段而不切实际地寻求解决方案，应当走一条“重点突破，全面带进”的改革路线，如此全面实现保安处分制度的法治化。

【推荐理由】

劳教制度历经半个多世纪，近年来因其法律依据不足且违反宪法和上位法，有违罪罚相当和程序正当等法治原则，且在实践中被广泛、严重滥用，劳教措施侵犯人权的问题成为众矢之的，其存废或改革的讨论不断。党的十八届三中全会通过的《中共中央关于全面深化改革若干重大问题的决定》提出，废止劳动教养制度，完善对违法犯罪行为的惩治和矫正法律，健全社区矫正制度。在劳教制度废止后，如何对废止劳动教养制度后需要进行的法律清理等工作作出安排，更为有效地进行社会管理，本文提出了对保安处分制度“重点突破，全面带进”的改革路线，即在废止劳教制度的同时，通盘考虑并解决目前各种保安处分措施存在的问题。实现保安处分措施的法治化，应首先解决合法化的问题，即形式上应明确保安处分措施的法律定位与权力归属，在实质上贯彻必要性和合比例性原则，进而实现该制度的法治化。此文具有较强的实践意义。

【各方评价】

据中国知网统计，截至 2014 年 1 月，该文被下载频次为 1 869 次，被引用 5 次，引用次数和下载次数在 2013 年有关“劳动教养制度”的所有理论文章中排名第一，作者提出的对保安处分制度“重点突破，全面带进”的改革路线得到了社会各界的认同。中国社会科学院法学研究所研究员刘仁文指出：“把劳动教养制度改造成为保安处分现实可行。从我国法治建设的大局和规律来看，建议把现有的劳教场所和工作人员加以分类，再与社区矫正等工作进行整合，使我国的劳动教养制度得以新生。现行的劳动教养经过程序上的改造（从行政决定到司法裁决）、对象上的改造、时间上的改造、内容上的改造（重在治疗、矫正和教育）、执行方式的改造（用社区矫正等宽缓化的措施）等措施，完全可以实现保障人权和保卫社会的有机统一。”南开大学法学院副院长、法学教授侯欣一认为：“保安处分是全世界普遍使用的法律手段，一般国家的刑事法律由三大块构成：刑法打击重罪、治安法律处理治安案件、保安处分对可能犯罪的人实行防范。劳教制度废除后，应当尽快修订完善治安处罚法，并引进保安处分。”

八、《中国第三人撤销之诉的制度构成与适用》

【成果观点】

第三人撤销之诉尚有许多问题需进行细致研究。

【成果简介】

第三人撤销之诉是我国修改后民事诉讼法中增设的一项新制度。但是在修改中关于该项制度的设置，学界存有争议，关于该项制度

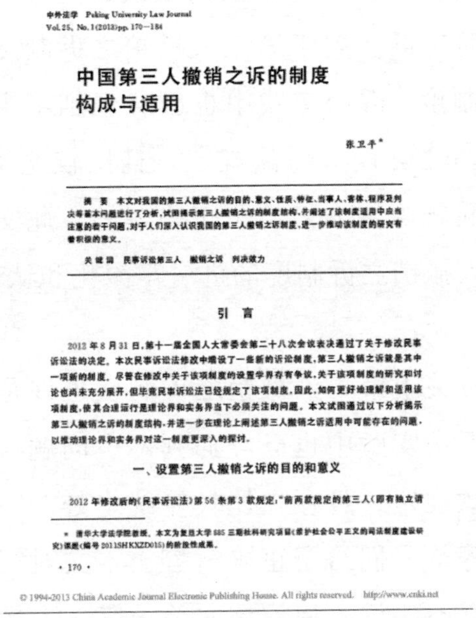

中外法学　Peking University Law Journal
Vol.25, No.1(2013)pp.170—184

中国第三人撤销之诉的制度构成与适用

张卫平*

摘　要　本文对我国的第三人撤销之诉的目的、意义、性质、特征、当事人、客体、程序及判决等基本问题进行了分析，试图揭示第三人撤销之诉的制度结构，并阐述了该制度适用中应当注意的若干问题，对于人们深入认识我国的第三人撤销之诉制度、进一步推动该制度的研究有着积极的意义。

关键词　民事诉讼第三人　撤销之诉　判决效力

引　言

2012年8月31日，第十一届全国人大常委会第二十八次会议表决通过了关于修改民事诉讼法的决定。本次民事诉讼法修改中增设了一些新的诉讼制度，第三人撤销之诉就是其中一项新的制度。尽管在修改中关于该项制度的设置学界存有争议，关于该项制度的研究和讨论也尚未充分展开，但毕竟民事诉讼法已经规定了该项制度，因此，如何更好地理解和适用该项制度，使其合理运行是理论界和实务界当下必须关注的问题。本文试图通过以下分析揭示第三人撤销之诉的制度结构，并进一步在理论上阐述第三人撤销之诉适用中可能存在的问题，以推动理论界和实务界对这一制度更深入的探讨。

一、设置第三人撤销之诉的目的和意义

2012年修改后的《民事诉讼法》第56条第3款规定："前两款规定的第三人（即有独立请

* 清华大学法学院教授。本文为复旦大学985三期社科研究项目（维护社会公平正义的司法制度建设研究）课题（编号2011SHKXZD015）的阶段性成果。

的研究和讨论也尚未充分展开，因此，如何更好地理解和适用该项制度，使其合理运行是理论界和实务界当下必须关注的问题。

本文对我国第三人撤销之诉的目的、意义、性质、特征、当事人、客体、程序及判决等基本问题进行了分析，试图揭示第三人撤销之诉的制度结构，并阐述了该制度适用中应当注意的若干问题，对于人们深入认识我国的第三人撤销之诉制度、进一步推动理论界和实务界对这一制度更深入的探讨有着积极的意义。

【推荐理由】

民事诉讼法的修改在一定程度上适时地、积极地回应了若干年来人们对完善民事诉讼法的部分诉求。依据这些诉求，从我国纠纷解决的现实需要出发，修改后民事诉讼法对原有的一些制度进行了调整，同时也设立了一些新的诉讼制度。原有制度的调整和新制度的设立无疑将推动我国民事诉讼法的发展，但这些都面临着如何实施的问题。修改后民诉法关于第三人撤销之诉制度也许是人们议论最多的一项新的制度，诉讼实践中也已经遇到不少问题。修改后民诉法对第三人撤销之诉仅有一款规定，且比较笼统，因此尚有许多理论问题和实践问题等待人们给予正确解答。此文有助于推动学界和实务界对第三人撤销之诉制度的进一步深化和认识。

【各方评价】

修改后民诉法关于第三人撤销之诉制度也许是人们议论最多的一项新的制度，诉讼实践中也已经遇到不少问题。民诉法对第三人撤销之诉仅有一款规定，且存在比较笼统之处，因此尚有许多理论问题和实践问题等待人们给予正确解答。本文对第三人撤销之诉的具体实施提出了有益建议，相信该文关于第三人撤销之诉的探讨将有助于深化学界对第三人撤销之诉的研究，也为第三人撤销之诉的实践提供了参考。

本文是复旦大学 885 三期社科研究项目《维护社会公平正义的司法制度建设研究》课题（编号 2011SHKXZD015）的阶段性成果。据中国知网统计，截至 2014 年 1 月，该文被下载频次为 1 361次，被转引 3 次。

九、专家《论检察》丛书

【成果观点】

专家们从不同的角度、专业或实践，比较系统地阐述了检察学基础理论、检察制度、检察与法治、检察与国家政治、经济、公民权利之间的关系等方面的观点和见解，同时探讨了检察制度改革的方向、原则和路径。

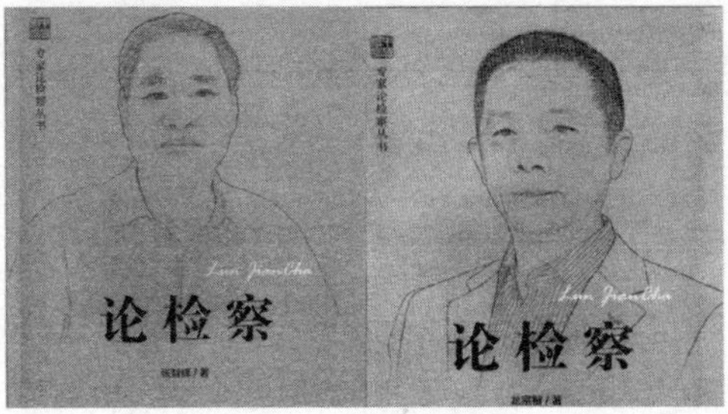

【成果简介】

专家《论检察》丛书是王桂五、徐益初、陈光中、傅宽芝、樊崇义、龙宗智、张智辉等十几位长期研究检察理论的专家多年成果之荟萃。专家们从不同的角度、专业或实践，比较系统地阐述了检察理论和检察制度，几乎涉及了检察的各个方面。其中，王桂五《论检察》系统阐述了我国检察制度的基本原理、范畴、特征和规律，总结了检察理论研究成果和实践经验，对我国检察理论的不断完善与发展具有重大意义；樊崇义《论检察》就检察学如何才能成为一门学科、中国检察的哲理化研究、检察制度基本原理、社会管理创新与检察改革等八个方面的内容进行深入探讨；龙宗智《论检察》主要研究了公诉变更、主诉检察官办案责任制、庭审方式改革后的几个操作性问题、刑诉法修改后的出庭公诉工作、刑事公诉权与诉讼条件说、证据标准与起诉方针等内容；张智辉《论检察》从检察基础理论、检察学研究等七个方面，对检察制度的基础理论、检察学研究尤其是中国检察制度改革作了不同层次的探讨、分析和研究。由于学术背景、研究角度和方法等有所差别，难免会有专家对同一问题持不同的观点，有的甚至持完全相反的理解和主张，颇有“百花齐放、百家争鸣”的气象，但这恰是学术生命之所在。

【推荐理由】

我国的检察机关经历了诸多的峥嵘岁月、艰难困苦，其历史可视做中国法治历程的缩影。人民检察制度恢复重建以来，一直处于探索的进程之中，并将随着社会进步、法治发展、中国特色社会主义制度的不断完善而完善。但是，也应当清醒地认识到，30多年检察理论研究，虽然成果丰硕，却并不意味着有关中国特色社会主义检察制度所有重大理论问题都迎刃而解了。由我国社会发展和法治发展的阶段性特征所决定，中国特色社会主义检察制度仍然面临着某些有待研究或者有待深入研究的课题，有关检察制度某些重大问题的争论也将会在新的更高的层次上展开，检察理论研究仍然是任重而道远。30多年来，法学界包括宪法学者、法理学学者，特别是刑事诉讼法学学者，对检察制度进行了长期的研究和探讨；几代有志于理论研究和思考的检察实务工作者也为中国特色检察制度的完善付出了不懈的努力和辛勤的劳动。专家《论检察》丛书对这一历程进行回顾和总结，集中呈现了中国特色检察制度的研究情况和成果，既可作为检察理论进一步深入研究的基石，也可作为检察制度完善的重要参考。其中，不同观点的交流、不同见解的交融，有利于推动中国特色检察制度不断走向科学。

【各方评价】

专家《论检察》丛书回顾和总结了中国特色检察制度的研究情

况和研究成果，具有较高的学术价值和历史价值，为关心和关注我国检察理论和检察事业发展的人们提供了一套较为完备的参考书。丛书几乎涉及检察领域的各个方面，有助于读者深入了解检察制度发展情况。作为比较有代表性的理论成果，丛书受到高度评价：既有立足本土的实际建言，也有放眼域外的借鉴讨论；不仅反映了检察理论和实践的研究重点和思路，而且展现了检察制度在理论和实践两个层面的发展、演进轨迹。可以说，丛书是检察历史的一个时代侧影。

十、《行政诉讼法与行政复议法的修改和完善》

【成果观点】

本书将行政诉讼法、行政复议法的修改建议稿和参与起草建议稿的各位学者所撰写的理由说明汇编成册，期望能为立法机关提供一些可资参考的意见。

【成果简介】

鉴于行政诉讼法和行政复议法的修改即将启动，行政法学界专家学者起草了“《中华人民共和国行政诉讼法》修改建议稿”和“《中华人民共和国行政复议法》修改建议稿”，此书收集两个修改意见稿，并将专家撰写的理由说明汇编成书，意在为修法活动提供参考。全书分上下两编，上编是“行政诉讼法修改建议稿”及其理由说明，下编是“行政复议法修改建议稿”及其理由说明。建议稿用图表方式展现，理由说明部分由相关专家以论文的形式阐释。综合来看，本书着重探讨了行政诉讼和行政复议立法宗旨和立法目标问题，行政诉讼被告范围及诉讼标的问题，行政复议与行政诉讼的关系及相关机制的改革问题，关于行政诉讼和行政复议的受案范围问题，法律适用问题，行政与民事交叉问题，以及诉讼类型、公益诉讼、强制执行等问题。

【推荐理由】

我国现代行政法治建设，始于 1990 年行政诉讼法的制定与实施，随后又制定了国家赔偿法、行政复议法两部法律，至此，行政救济的法律体系基本形成。20 多年来，中国的法治建设，尤其是行政法治建设，取得了巨大的进步。但是，随着经济社会的发展、法治环境的变化，现行的行政诉讼法与行政复议法都呈现出不同程度的滞后性，迫切需要修改与完善。加强对这两部法律的修改，对增强公民权益保护，促进依法行政有着重要的意义。“两法”的修改，是当前法治建设的重要内容，也是学术界和实务界研究讨论的热点问题之一。专家学者们经过多次集中讨论，最终形成了“《中华人民共和国行政诉讼法》修改建议稿”和“《中华人民共和国行政复议法》修改建议稿”。本书将这两部修改建议稿和理由说明汇编成书，对修法提出若干创新观点，旨在为修法工作提供理论支持。

【各方评价】

本书主编、行政法学家应松年教授组织了全国范围内一批知名行政法学者，经过两年之久的研究和讨论，最终形成了行政诉讼法修改建议稿和行政复议法修改建议稿，旨在为即将在国家层面启动的修法工作提供理论支持和对策建议。单从理论价值来看，两部建议稿及其理由说明涵盖了行政诉讼法和行政复议法研究中的一直富有争议的重要问题，专家们在多年深入研究的基础上，给予了权威性的解答。从实践意义上来说，本书把专家建议与理由说明汇编成册，对修法活动具有重要的参考价值。

【专家点评】徐鹤喃：法治发展中思想的力量

尊敬的各位领导、各位老师、各位朋友，下午好！

非常荣幸参加2013年度中国法治发展综合评估项目成果发布会。感谢组委会提供了如此近距离地面对中国年度法治发展成果的学习机会。

今天的盛会，关键词是法治。“法治”是当代中国国家与社会发展的核心价值追求与发展目标之一，它已经成为当今中国使用频率最高的词汇之一。作为人类社会进行国家治理的最佳模式选择，法治在根本上是一种国家治理经验的总结，是一种治道，因而我理解，它首先是一种理念，是一种基于实践层面的经验总结与规律探寻，是思想成果。法治以法律制度存在为前提，但仅仅存在法律制度并不足以构成法治，法治需要付诸实践，但法治实践中经验与现实、逻辑与行为并不是简单的对应于重合，所有这些，都需要对法治这种治道有不懈的思考和研究。这也是我们对理论研究抱有深深敬意和殷切期待的原因所在。在这个意义上，法治之思想成果十分重要，我们也因此需要向刚刚推出的 2013 年度中国十大影响力法学理论研究成果致敬。

作为法学理论研究成果的受众之一，我谨对这 10 项最具影响力研究成果作如下观察学习，借鉴熊秋红教授的体例，我也临时定一个题目：法治发展中思想的力量。

10 项成果中有 5 篇论文、5 本著作。其突出特点是集中展现了理论研究对于法治的全方位观照和推动。我把它们归为五个部分：

第一，邓子滨教授的《斑马线上的中国：法治十年观察》，站在斑马线上观察中国法治现实，作了被称之为健全法律思维的思考。他说，我们有一定的法治标示和路径，正如我们有了斑马线，但我们并没有认真遵循法治的规则，正如我们没有严格遵守交通法规。若不能真诚落实法治，斑马线将成为死亡线，死因则是对制度的信赖。这样的思考，我认为向全社会给出了一个深刻的法理，在非法治的秩序中，危险面前只有普遍的可能性，没有特权。

第二，法治建设进程中，我们需要通过健全的法律制度来明确国家、社会与公民的权力和权利边界，建立法治秩序，以实现良法之治。有 5 项成果着力对此作出了积极的贡献。《论自然资源国家所有权的宪法规制功能》从宪法解释学的基本方法出发，对我国宪法文本中规定的自然资源国家所有权制度进行了深刻的分析和内涵发掘，提出通过解释技术发展以“国家规制”为核心的财产权模式。《知识产权法价值的中国语境解读》系统审视了中国知识产权法治建设中的制度选择、法律事实和法律文化基础诸问题，提出确立人本主义与和谐发展的新价值观念，应对知识产权制度国际变革与时代发展的具体对策。《劳动教养制度的宗旨与保安处分的法治化》一文则针对我国劳动教养制度废除之后，如何通过健全的法制实现有效的犯罪预防和矫正问题进行了研究，提出了通盘考虑并解决目前各种保安处分措施存在的问题，以平衡保障社会安全与保护人权的具体建议。张卫平教授的《中国第三人撤销之诉的制度构成与适用》针对民事诉讼法新确立的第三人撤销之诉面临的立法过于原则、理论研究不够、实践遭遇各种问题的状况，作了系统学术研究引领，为制度落实提供了理论支持和实践参考。《现实与理想：关于中国刑事诉讼的思考》一书则围绕我国刑事诉讼制度的转型发展作了贯通理论与实践、立体的观察研究。在制度变迁规律、立法修改范式、具体问题的实证研究诸方面都贡献了宝贵的研究成果。

第三，10 项成果中有两部立法专家建议稿。《社区矫正（专家建议稿)》是我国研究社区矫正立法的一项开拓性成果。我国新近确立的这项刑罚执行制度，在实践中取得了很好的执行效果，但在立法层面还缺乏系统全面的规范。专家建议稿立足中国实际，通过域外比较借鉴，提出了系统的立法范本。《行政诉讼法与行政复议法的修改和完善》既是行政法学理论研究的系统成果，又是旨在为即将在国家层面启动的两法修法工作提供理论支持和对策建议的专家论证成果。两部著作的推出，展现了我国法学研究范式的转型发展，提供了具有深切问题意识和本土实践关怀的法学研究范例，也在相当程度上促进了中国法律制度建设的民主化和科学化发展。

第四，法律实施是真正建立法治秩序的关键。周光权教授的《刑法客观主义与方法论》经由刑法客观主义向司法方法论的贯通转化，对于刑事证明、刑罚适用等具体司法环节中的如何落实基本法理，作了严谨的、体现刑事法律科学逻辑的、一体化的研究，提供了法治视野下严密司法逻辑的养成路径，为提升专业思维训练提供了重要指导。

第五，10项成果中有一套广受关注的丛书：专家《论检察》。著名法学家信春鹰教授曾经有句话，检察制度及其改革是我们这个时代的一个大题目。它摆在每一个关心国家的法治和人权的思想者面前。这部系列丛书的编辑出版，展现了中国检察的历史与未来，其中凝聚和展现了中国检察理论研究的历史成就，是未来检察制度发展的思想基石，其对于推动检察理论、制度与实践在新的更高层次上取得更大的发展具有重大的思想价值。

上述10项成果在五个方面直面现实，致力于推进法治秩序的真正建立，从中展现了思想的价值和强大力量。唯其思想性，展现了其创造性，决定了其权威性，也唯其有如此的思想引领，法学理论研究之树才常青，中国法治建设才充满希望。为此，谨向10项成果致敬，向给我们提供了思想盛宴的作者和法治发展综合评估项目组委会致敬。谢谢大家！

第三节　2013年中国十大影响力法治人物

（1）刘复之：政法往事的亲历者与塑造者。

（2）张飚：为民洗冤的检察官。

（3）刘协和：精神卫生立法的推动者。

（4）罗昌平：实名举报反腐的媒体人。

（5）邓正来：英年早逝的“学术个体户”。

（6）郭兴利：蜀道上的背篼法官。

（7）陈臻：“碧水蓝天”的环保倡议者。

（8）赖水顺：调解泯恩仇的道德模范。

（9）熊为义和闫怀玲：中国式“普法鸳鸯”。

（10）湘江守望者：保卫母亲河的环保志愿者。

一、刘复之：政法往事的亲历者与塑造者

【主要事迹】

2013 年 8 月 25 日，最高人民检察院原检察长刘复之因病在北京逝世，享年 96 岁。刘复之的逝世，引起全国政法界人士对他的深切缅怀。

刘复之的人生大致可分为两个部分：1949 年前，他是太行山上八路军三位高级领导人（朱德、刘伯承、邓小平）的秘书，锄奸部（保卫部）的得力干将；1949 年后，他先后执掌司法部、公安部，最后在最高人民检察院检察长的位置上退休。

1917 年 3 月 31 日，刘复之出生于广东省梅县三角地约亭岗村一个华侨家庭。1937 年 11 月，刘复之北上延安投身革命。刚入锄奸部时，刘复之曾对犯罪嫌疑人动过一次刑，但后来这次刑讯逼供成为刘复之告诫自己长期反省的例子。从此他对刑讯逼供深恶痛绝，坚

定了“办案必须重证据，不重口供”的原则。

同许多正直的共产党员一样，刘复之在“文革”中饱受批斗之苦。1980 年，刘复之重返政法战线，参与了林彪、江青反革命集团案的整个审判活动。1982 年，刘复之任司法部部长。在任期间，他筹建了中国政法大学，并亲自担任第一任校长。1983 年，刘复之出任公安部部长。当时全国治安形势出现反弹，在党中央、国务院的领导下，全国开展了为期三年的严厉打击刑事犯罪活动。“严打”中，刘复之除了奔波各地宣传依法从快从重方针以外，也强调不搞指标、不准凑数、涉及死刑案件要特别谨慎。“严打就是专政”，晚年的刘复之曾以此为题撰文回忆那段岁月，至今仍挂在公安部网站上。

1988 年，刘复之出任最高人民检察院检察长。在任期间，他支持成立反贪污贿赂局，强化了对贪污受贿犯罪的法律监督。他还创办了中央检察官学院（后改为国家检察官学院），组建中国检察出版社，创办《中国检察报》(后更名为《检察日报》)。

2013 年 9 月 1 日，刘复之遗体告别仪式在八宝山革命公墓礼堂举行，习近平、李克强、张德江、俞正声、刘云山、王岐山、张高丽、胡锦涛等前往送别，向这位早在 1937 年就投身革命的老前辈表达了最后敬意。中央和国家机关有关部门负责同志、刘复之生前好友和家乡代表也前往送别。

【推荐理由】

刘复之在历任司法部部长、公安部部长、最高人民检察院检察长的 10 余年间，为中国的法治建设作出了不能磨灭的贡献。

2013 年 9 月 2 日，《检察日报》以一整版回顾了刘复之的一生；10 月上旬，《方圆》杂志又以一整组封面报道的形式介绍了刘复之为中国法治耕耘所留下的足迹，其“国家安危公安系于一半”、坚决反对刑讯逼供等言行令人印象深刻。与此同时，刘复之生前好友、后辈同事也纷纷撰文纪念。

新华社发文这样评价刘复之：刘复之同志一生忠于党，忠于人民，在70多年的革命生涯中，对共产主义矢志不渝。他坚持党性原则，顾全大局，维护团结，遵守党的纪律和政治生活准则，维护党中央权威。他对革命、建设和改革事业兢兢业业，任劳任怨，忘我工作，鞠躬尽瘁。他坚持全心全意为人民服务的根本宗旨，始终保持人民公仆的本色……

【各方评价】

1982年4月初，中央决定改组司法部领导班子，由时任中央政法委秘书长的刘复之同志兼任司法部部长、部党组书记。刘部长到任后，立即率领新组建的部党组，坚决贯彻中央关于破除领导职务终身制的决策，大刀阔斧地调整局处两级领导干部，凡年满60岁的一律办理离退休手续，同时选拔一批比较年轻的同志充实到中层领导岗位上来。此举在司法部全体人员心目中留下十分深刻的印象。大家一致感到，这位新任部长确实刚毅、果断、办事雷厉风行，名不虚传。现在刘老溘然长逝，我们党失去一位忠诚的共产主义战士，国家政法战线失去一位杰出的领导人，我自己则失去了一位可亲可敬的导师。

——中央政法委原副秘书长王景荣

刘老（刘复之）主政高检院的5年，是检察事业在原来基础上得到快速发展的5年。这5年是他政法人生的“黄金时代”。5年中，他以改革总揽检察全局，狠抓思想建设、组织建设、队伍建设，重视加强检察机关监督制约，主持推行高检院内设机构改革，加强检察理论研究，贯彻执行“法律面前人人平等”和“有法可依、有法必依、执法必严、违法必究”的基本原则，使检察机关的各项工作都得到了明显加强，为完善和发展中国特色社会主义检察制度作出了突出贡献。

——最高人民检察院副检察长孙谦

二、张飚：为民洗冤的检察官

【主要事迹】

2013年3月26日，浙江省高级法院对备受社会关注的张某某、张某涉嫌强奸一案的再审进行公开宣判，撤销了原判决，宣告张某某、张某叔侄二人无罪。张某某叔侄因这起案件含冤近10年，此案的平反引起了公众广泛关注。推动该案平反的正是曾任新疆维吾尔自治区石河子市检察院驻监狱检察官的张飚，今年62岁，已经退休。

2003年，张某某和其侄子张某因涉嫌强奸罪被杭州市检察院批捕，随后，2004 年 4 月 21 日，杭州市中级人民法院以强奸罪分别判处张某、张某某死刑、无期徒刑，同年 10 月 19 日，浙江省高级法院二审分别改判张某、张某某死缓、有期徒刑 15 年。张某某和张某一直辩称自己无罪，张某某后来被移送至新疆石河子监狱服刑。服刑期间，张某某经常表现出反抗情绪，这引起了张飚的注意，随后，张某某的申诉材料就交到了张飚手上。

张飚看了张某某的申诉材料后，按程序将张某某的申诉材料寄往浙江。但越多接触，越听张某某讲述，张飚就越发现这案子着实存在疑点。通过仔细分析申诉材料和翻阅案卷，越来越多的证据让张飚从最初认为张某某不敢面对犯罪事实，转变为认为“这案子有错误”。

2008 年年底，张某某给张飚看了媒体一篇关于河南错案的文章，里面有一个名为袁某某的人违法取证，张某某告诉张飚，他的案子中也有一名名为袁某某的证人。张飚提请检察院请求河南鹤壁检察机关协助调查，结果查无袁某某这个人。张飚又到杭州去查袁某某，结果发现袁某某是杭州一名在押犯人，不仅在河南那起冤案中作伪证，张某某叔侄案中他也可能作了伪证。随后，张飚频繁将发现的疑点资料和张某某的申诉材料发往浙江，每一次邮寄新的申诉材料，张飚都会增加新的内容。2011 年，张飚退休，把这个案子交给了接任自己的两名检察官魏刚和高晨，交代他们一定要继续申诉。

2012 年，浙江方面终于启动对该案的复查程序。2013 年 2 月 6 日，浙江省高级法院审判委员会讨论认为，有新的证据证明原判决确有错误，决定进行再审。3 月 26 日，浙江省高院对该案再审进行宣判，张某某、张某叔侄终于得到了期待已久的无罪判决。随后，5 月 17 日，浙江省高级法院对张某、张某某再审改判无罪作出国家赔偿决定，分别支付张某、张某某国家赔偿金110.5万元，共计221万元。

【推荐理由】

驻监检察官张飚所推动的张某某、张某叔侄强奸案平反，引起了国内司法界对纠正冤假错案的广泛讨论。因为此案的发生，浙江省高级法院领导还在2013年3月的全国人大会议上提交了议案，建议“两高”、公安部联合制定死刑案件审判期间证据补查程序的规定，解决刑事诉讼的运作机制问题。

同时，张飚不懈争取为在监犯人洗冤的行为，也得到了社会的广泛认可。2013年5月31日，新疆维吾尔自治区检察院授予了张飚、魏刚、高晨个人二等功，号召全疆检察院向其学习。12月6日，最高人民检察院、新疆维吾尔自治区党委在乌鲁木齐联合召开表彰大会，授予张飚“全国模范检察官”“优秀共产党员”称号。11月20日，由检察日报社主办、正义网承办的“寻找最美检察官”评选活动，将张飚评选为“最美检察官”。12月5日，在中央电视台举办的“法治的力量——CCTV2013年度法治人物颁奖典礼”上，张飚当选为年度法治人物。

【各方评价】

这个再审无罪判决具有里程碑式意义，必将载入中国司法史。司法实践中长期以来重口供轻证据、重惩治犯罪轻保障人权、重实体轻程序、重实质轻形式，因此只要获取的证据能够证明案件的犯罪事实，即使是刑讯逼供或者其他非法手段获取，在不能放过犯罪分子的司法理念下仍然可以用来作为定案的证据，这种理念及做法到了应该反思的时候了，张飚为此作出了表率。

——浙江大学法学院教授阮方民

7 次，媒体总结说叔侄冤案有 7 次可以修正的机会，都被各个部门白白浪费掉了！即使是张飚发现冤情并得到石河子检察院的支持，开始跨省进行调查的时候，也依然遭遇了重重困难。不能不追问的是，在多年申诉过程中，是怎样的力量，在阻碍这个案件的重申？谁有这么大的力量，又在保护着什么？

——《都市消费晨报》评论员王枪枪

三、刘协和：精神卫生立法的推动者

【主要事迹】

2013 年 5 月 1 日，由十一届全国人大常委会第二十九次会议通过的《中华人民共和国精神卫生法》正式施行，这部起草时间长达 28 年的法律，终于走到了所有人面前。在这项历经艰难完成的立法工作背后，有一位耄耋之年的老人，即四川大学华西医院精神病学教授、国内司法精神病学泰斗刘协和，他为精神卫生立法工作奉献了整个后半生。

1985 年，时年 57 岁的四川大学华西医院精神科主任刘协和被指定为《精神卫生法》的起草人。当时《精神卫生法》的立法工作由四川省卫生厅牵头，湖南卫生厅协助，刘协和又联系了霍克钧、胡泽卿、程志让和陈定纯四位精神病学的专家，组成了起草小组，就在成都刘协和家的客厅里，开始了精神卫生立法的工作。

11 月底，刘协和领衔的起草小组完成了草案的第一稿，呈给了四川省卫生厅和卫生部。1986 年，刘协和建立了国内第一个司法精神病学教研室，成为国内司法精神病学的开创者。那时，刘协和还没有想到，精神卫生立法会有此后那么多曲折坎坷。在等待精神卫生法出台的前 14 年（1985 ~ 1999 年）里，为了这部法律的面世，世界卫生组织曾 3 次到中国指导，在刘协和手里，草案就被修改过 10 次。

刘协和最后一次参与立法讨论是在 1999 年。那一年 9 月，世界卫生组织第三次来到中国，首次倡议在北京举办了一次国际精神卫生立法高层讲习班。随后，《精神卫生法》的立法工作从卫生部医政司转到了疾控司。随后，70 岁的刘协和与草案首稿起草小组的另外 4 名专家，也陆续退出了法案起草的一线工作。2000 年 10 月，卫生部、公安部、民政部等多部委成立了精神卫生法立法领导小组，刘协和将自己手上所有关于草案的原始材料，全部交给了新成立的工作小组。

2002 年 6 月，刘协和退休后又被返聘到四川大学华西医院心理卫生中心，虽然已经退出立法一线，但依然对《精神卫生法》的出台保持着高度关注。

直至 2013 年《精神卫生法》正式施行，刘协和已经 86 岁，而当时参与起草的人中，有一人已经去世。

【推荐理由】

作为我国精神病司法鉴定开创者之一，刘协和28年来始终坚持“精神病人犯罪，不能错杀”的理念，参与鉴定司法精神病案例达3 000多例，为国内司法精神病鉴定作出巨大贡献；刘协和还曾牵头成立中国首个法医精神病学教研室，撰写了首部精神病学教材，沿用至今。

2013年5月1日，历时28年的《精神卫生法》终于正式施行，刘协和的多年努力有了成果。12月4日，央视“法治的力量2013——年度法治人物”将刘协和评为年度法治人物，评委会授予刘协和的颁奖词是：“身体出了问题，伤害的是患者自身，精神出了问题，危害的却可能是他人和社会。作为医生的他，要消解的是灵魂的迷离和虚妄；作为立法参与者的他，要构建的是不再让他们遭受误解、歧视和伤害的‘防护墙’。28年并不漫长，因为这份坚持换来的是：一亿人生活的空间和生命的尊严！”

【各方评价】

“不为良相，则为良医”，从立志悬壶济世的懵懂少年到中国精神病司法鉴定的奠基人，刘协和用一生的时间见证并亲历了中国精神病学从萌发走向兴起的历程，诠释着仁心仁术、治病救人的医者风范，也尽最大努力防止着精神病学被滥用。

——四川省华西医院宣传部工作人员姜贤飞

2002年6月，刘协和退休后又被返聘到四川大学华西医院心理卫生中心。谈到今后的打算，刘协和说，他会发挥余热，培养年轻人，事业还是要靠他们继续：“我生命的延续靠子女，但事业的延续靠学生。在有生之年，我希望中国的司法精神病鉴定队伍更加壮大，这一领域更趋完善；同时期待《精神卫生法》早日立法出台。”

——《民主与法制时报》编辑高飞

四、罗昌平：实名举报反腐的媒体人

【主要事迹】

2013 年 5 月 12 日，新华社报道了一则新闻：国家发展和改革委员会副主任刘某某涉嫌严重违纪，正接受组织调查。随后，8 月 8 日，刘某某因严重违纪违法被开除党籍和公职。

刘某某的落马，让人想到了时任《财经》杂志副主编的罗昌平。早在 2012 年 12 月 6 日，刘某某就遭遇罗昌平微博实名举报，称刘某某与商人倪某某结成官商同盟，其妻子郭某某、儿子刘某某在倪公司持有股份，境外收购骗贷国内银行，刘某某的银行账户多次收受倪某某公司巨额汇款。

罗昌平的举报得到了相关部门的受理。此事在网上也引起了很大反响，有媒体评价罗昌平的实名举报是中国反腐里程碑式的进展。

但直到2013年1月30日，事情一直毫无进展，刘某某还多次在公开场合现身。对此，罗昌平再发微博督促此案："中央有关部门已就本人实名举报一事立案调查，是立案调查而不止于受理。"在罗昌平的一系列追问下，刘某某的案件终于得到迅速处理，刘某某也成为中共"十八大"以后，第一位因"实名举报"而受调查的省部级高官。

根据罗昌平自己透露，举报刘某某之后，曾有人去湖南调查他，不过方式很温和，没有遭遇实质上的人身威胁。2013年11月27日，《财经》杂志原副主编罗昌平被调往同为"联办"下属单位的财经研究院任职。不过此事被澄清与举报刘某某并无关联。

【推荐理由】

罗昌平作为知名媒体人，利用其人脉资源广泛、信息灵通的特点进行实名举报，令人想到，媒体人的天生优势在于他们不同于一般网民，有深厚的职业素养，对事实的判断敏锐而理性，普遍具有较强的社会责任感和崇高的职业理想，预示着如果能充分调动起他们的积极性，在反腐败斗争中必然是一支重要的生力军。

而罗昌平所代表的网络反腐行为，也被认为是反腐的新形式。不少人提出，这种方式不仅有利于发现腐败分子，也有利于加快案件的侦破过程，可以节省大量行政成本。更重要的是，它有助于弘扬社会正气，坚定干部群众反腐败斗争的信心，对企图打击报复举报人的社会势力也是一种震慑，有利于对举报人人身安全和积极性的保护。

【各方评价】

罗昌平的举报不同于情妇、二奶等利益直接相关人的举报，也不同于法官集体嫖娼的举报人因对案件判决不公而愤起举报。他是以媒体人的身份，在作了深入调查、掌握了大量确凿事实并公开报道之后，因为被监督对象不“买账”，才利用自己掌握的事实，通过微博，实名向国家有关部门举报的。可以说，这次举报是其所供职的杂志公开报道的继续，其目的与杂志的舆论监督是一致的。

——凤凰网评论员江锡钰

罗昌平的举报过程并不轻松。举报伊始并未得到体制内的呼应，尽管其一再通过互联网公布举报材料，鉴于其媒体人的身份，多数网友倾向于认为刘某某即将落马，同行中亦不乏坚定的支持者，但除却这些为数不多的温暖细节，我们看到的更多却是举报人的孤独。刘某某所属部门接踵而至的辟谣，动辄追究个人责任的表态，个人日趋逼仄的言论环境，以及媒体的纷纷转向，诸多不利因素让此次举报变得扑朔迷离，个中苦涩只有举报人本人能体会。

——《南方都市报》评论员何小手

五、邓正来：英年早逝的“学术个体户”

【主要事迹】

2013年1月24日6点50分，复旦大学特聘教授、复旦大学社会科学高等研究院院长邓正来因患胃癌医治无效，于复旦大学附属肿瘤医院逝世，享年56岁。

1956年2月24日，邓正来出生于上海；1982年毕业于四川外语学院，后进入外交学院；1985年硕士毕业后未就业，个人独立治学。1987年，《中国青年报》一则报道称邓正来为“中国第一个学术个体户”，那时的邓正来还是个“三无”人员：无户口、无住房、无收入。这也引领了一代青年学者去培养学术批判的精神、独立学术的能力。

2003 年，邓正来终于结束了长期以来“自立门户”的状态，受时任吉林大学党委书记的张文显之邀，受聘为吉林大学法学院教授、博士生导师。

在吉林大学官网对邓正来的介绍中，有这样一段话：邓教授不是任何一所大学的教授，却一年四季有众多来自北京大学、清华大学等著名学府的青年学人跟着他读书，他以孔夫子因材施教的思想为每个人制订了学习方案；他在自己的家里举办学术沙龙，用苏格拉底式的辩论方法教书育人，使一批又一批才思敏捷的研究生在学术上根深叶茂。

2007 年年底，张文显离开吉林大学。2008 年，邓正来加盟复旦大学，任复旦大学特聘教授、复旦大学社会科学高等研究院院长、复旦大学当代中国研究中心主任，国际关系与公共事务学院教授、博士生导师。

邓正来一生治学，他所创办并主编的《中国社会科学季刊》与《中国书评》均被认为是中国学术水平最高的刊物之一。他还是

《中国社会科学辑刊》《复旦政治哲学评论》《耶鲁全球在线》（复旦版）和《西方法律哲学家研究年刊》等刊物的主编。

邓正来著作等身，是国内哈耶克研究的顶尖学者，他撰写的《哈耶克法律哲学》等著作，被公认为代表汉语世界哈耶克研究的最高水平。他的法学著作《中国法学向何处去》也一度成为法学界评论的焦点，该书还被日本法学家全文翻译出版。

去世之前，邓正来被中国社会科学出版社的《中国人文社会科学学术影响力报告》评为中国唯一横跨六个学科，并在法学、政治学和社会学等核心社会科学学科同时位居前五名的学者。

【推荐理由】

邓正来的逝世，引来国内法学、社会学、政治学等多领域学界的叹惋和怀念。中国社科院近代史所研究员、著名历史学者马勇说："邓正来教授是这个时代、这个年龄段最有故事的学者。但凡这个时代能有的故事，好像邓正来教授都有经历、有尝试。他是一个成功者，在这个年龄撒手而去太可惜了。"

作为国内少见的跨多学科的"学术个体户"，邓正来在法学与政治学领域著评皆丰。他既是中国市民社会理论研究、哈耶克自由主义研究的主要引领者和推动者，也是我国近20年来西学东译最重要的代表人物。

邓正来的一生是献身于中国社会科学学术发展事业的一生。"为了中国学术"，这一《中国社会科学季刊》的创刊理念正是邓正来学术生涯的真实写照。他的英年早逝，既是复旦大学和上海学术界的巨大损失，也是中国社会科学界的重大损失。

【各方评价】

他（邓正来）踌躇满志，赴任（去复旦大学任教）之前兴奋地向我倾谈宏大计划，要办成西方之外的头号研究院。事实证明，他确实能力超常，心想事成，举办大小论坛和暑期班，创办中英文学刊，请顶级学者作研究，请国际大牌作讲演，一件件事办得风起云涌。可是，代价是累，从心想到事成之间，不知付出了多少心血和艰辛，而在举办研究院五周年论坛之后仅仅几天，就被晚期癌症击倒在了病床上。

——中国社会科学院哲学研究所研究员周国平

从晚清严复到当下的邓正来，中国学人为了中国文化的重建，大量地翻译西学经典，这个过程持续了一百多年。可以将严复、邓正来等人视为中国文化向西方文化的“盗火英雄”，中国文化的自主性在百年的“盗火”中逐步得到成长，邓正来毕生所致力的中国社会科学自主性目标就可以视之为中国现代思想成长的标志。因此，正是从这个意义上讲，我觉得，邓正来教授的逝世，可能标志着中国现代学术史上一个英雄时代的结束，人们可以逐步从西方典籍的翻译时代转向中国思想的建构时代了。

——广西大学法学院教授魏敦友

六、郭兴利：蜀道上的背篼法官

【主要事迹】

2014 年 1 月 14 日，在由检察日报社正义网发起的“2013 年度中国正义人物”评选活动上，四川省剑阁县法院开封法庭庭长郭兴利当选为 2013 年度中国正义人物。

剑阁县开封法庭是剑阁县一个偏远山区的法庭。由于地处偏远山区，道路条件十分恶劣，为最大限度地减轻老百姓的诉讼负担、奔波之苦，庭长郭兴利开始了送法下乡、上门办案的“背篼法官”

生涯：郭兴利自己准备了一个背篼，装上开庭、普法等需要的条幅、国徽、案卷，自己跋山涉水去百姓家中走访办案。

郭兴利这背篼一背就是23年。进入法院工作以来，郭兴利一直在离剑阁县城100多千米的开封法庭工作，其间法庭先后调进调出干警16人，郭兴利却以“辖区情况我熟悉，走不开”为由多次主动放弃回剑阁县城工作的机会，将自己全部的青春、精力放在了法庭办案和辖区矛盾纠纷的化解中。

23年间，郭兴利办案2 000余件，被当地百姓称为“开封的郭青天”。23年里，他背烂了10个背篼、磨坏了37副背绳、骑坏了5辆自行车，不变的是他持之以恒的巡回审判之路。

回忆从业经历和职业理想，郭兴利说，要做好一名基层法官，首先得把法官这份职业当成事业来做，要把自己的心与百姓紧紧地贴在一起，用诚信、公心、良心对待每一个案件、每一个当事人，坚持自己多吃亏，让百姓少跑路，办好每一个案件。

【推荐理由】

“背篼法官”郭兴利代表了基层司法工作人员的最高品质：心

系群众、扎根基层、克己奉公。23 年间，郭兴利个人先后获得了“四川省优秀共产党员”“全国优秀法官”“四川省劳动模范”“全省法院调解能手”等50 多项荣誉，腾讯网、搜狐网、新浪网、《人民日报》《光明日报》《法制日报》《人民法院报》《四川日报》等40多家媒体对其进行了宣传报道。

在诸多荣誉和赞扬面前，郭兴利始终视荣誉和赞扬为不断前进的动力，不骄不躁、淡定从容，仍然还是那个忙碌于走村串户，享受于“案结事了”，忘了上调升迁的“背篼法官”。

【各方评价】

作为乡村基层法庭，面对的当事人是广大的农民群众。郭兴利用公正之心、爱民之心，平等对待每一位当事人，足迹遍及辖区的村村落落、山山水水。学习他就是要学习这种始终保持平常心的品质，固守清正廉洁，将所有的精力都放在党和人民的事业上，用实际行动践行“名利淡如水、事业重于山”。

——四川省苍溪县委组织部干部刘克非

时代在改变，“背篼精神”不能变。为背篼画上句号是趋势，将服务百姓的精神传承下去是使命。把为民情怀通过车辆、网络、卫星信号等先进方式传播扩散，将事半功倍、更有成效。在赞扬“背篼精神”的同时，希望有更多的“摩托车院长”“计算机支书”“投影仪村长”活跃在为民服务的基层一线。

——《四川日报》评论员邓也

七、陈臻：“碧水蓝天”的环保倡议者

【主要事迹】

“碧水蓝天不是一个理想主义者的梦呓，而是每一个人、每一户

家庭最实在的需求"！2013 年 2 月 26 日，号称“中国能源和环境领域最专业的律师事务所”的浙江阳光时代律师事务所在杭州发布了《“碧水蓝天律师行”公益活动倡议书》，号召全国律师界关注环境与气候变化，积极投入能源与环境法律服务。

近年来，阳光时代律师事务所主任陈臻一直致力于在律师行业创新服务生态文明建设的模式。随着环境污染的加剧，雾霾天气、地下水污染等与公众生活息息相关的环境事件频繁发生，无论国家层面还是公众层面，对环境、资源保护的关注度和紧迫感变得空前强烈。

陈臻带领团队与中华环保联合会发起创设“碧水蓝天新型城镇LTC 协同创新系统”，紧密结合中央关于“新型城镇化”建设的要求，深入介入太阳能光伏复兴计划、绿色能源新区建设、生态文明工程建设，共促美丽中国与碧水蓝天新型城镇的实现。

为了引导律师行业对能源消费与环境保护这一重大热点问题的关注，发挥律师在环境保护和生态文明建设中的重要作用，陈臻等人还向全国律协提交了“碧水蓝天法律保障行动”方案，并联合八家律所发起“碧水蓝天律师行”活动，呼吁广大律师用法治思维和法律手段，为环境科学进步和环保事业发展作出贡献。

自1995年创办律师事务所以来，陈臻一直为国内能源与环境事业的法律保障不懈奋斗，长期致力于新能源和气候变化领域的立法和法律服务，主持包括三门核电在内的几十个国内大型重点能源项目及环境工程的法律服务，负责多项国家电力体制改革及立法课题，对新能源及环保领域法律服务有前瞻性与开拓性的研究。

【推荐理由】

2013年，陈臻先后被《法制日报》和《经济参考报》评为年度中国律师行业最受关注新闻人物和2013财经年度人物。最近几年，陈臻领衔的团队多次受国家能源主管部门及浙江省地方政府委托，至今参与起草的相关法规、规章已达几十部，包括《电力法》修订工作，《能源法》起草工作。

在这些活动中，陈臻力主律师在参与立法中应发挥利益协调与中立的功能，更应考虑到社会公众特别是弱势群体或公共利益的保护，利用律师参与立法的机会，推动生态文明建设，为律师行业作出榜样。

【各方评价】

党的“十八大”把生态文明建设放在突出地位，着力推进绿色发展、循环发展、低碳发展，努力建设美丽中国。在此形势下，陈臻带领团队坚持专业化定位，致力于能源与环境领域法律服务，对社会公众进行环保普法，彰显了律师行业积极参与生态文明建设的职业风尚。

——《法制日报》评论员赵博

能源的另一面是环境和资源问题，从某种意义上说，能源服务本身就内含公益事业。气候变化与节能减排、合同能源管理、环境风险控制是近年来阳光时代重点开拓的服务，其公益性较传统能源服务更为明显，以气候变化与节能减排为例，它所占收入比例并不高，但陈臻基本上把此项业务当成公益事业在做，她的想法是，把公益事业和主营业务结合起来做，是最幸福的事。

——《法人》杂志记者马丽

八、赖水顺：调解泯恩仇的道德模范

【主要事迹】

2013 年 7 月，在中央宣传部、中央文明办等部门联合开展的第四届全国道德模范评选表彰活动中，来自福建省漳州市芗城区的联合调解中心主任赖水顺获得提名。近年来，擅长百姓调解工作的赖水顺被誉为“老百姓的和事佬”，事迹一直广为传扬。

1958 年出生的赖水顺当过 20 多年的兵，又做了 10 多年的基层干部。2007 年 8 月 8 日，漳州市综治委、漳州市中级人民法院、漳州市司法局在漳州市芗城区法院内联合成立了福建省首个“诉讼调解与人民调解多元纠纷解决联动机制人民调解工作室”，赖水顺担任中心主任。

最开始的 4 年，赖水顺在无先例可循、无经验可学、无方法可依的情况下，带领 5 名同事创造性地把人民调解、行政调解、司法调解三者结合起来，开创了人民调解与诉讼调解无缝对接和率先开展第三方介入医患纠纷解决的创新社会调解模式，致力于从源头上、从小事上化解社会矛盾，受到省、市主管部门肯定。2010 年，他所在的人民调解委员会被司法部授予全国“模范人民调解委员会”称号。

在调节工作中，赖水顺还总结出独具特色的调解“六法”，促进与百姓的沟通：心理疏导法、情感沟通法、分清是非法、逐个击破法、巧借外力法、明法析理法。例如 2010 年 7 月，一对夫妻闹矛盾，女方要离婚，男方不同意。赖水顺一开始劝合，但劝了四五次都不成。后来在家访时，孩子偷偷地告诉他：“一定要离，不然我和妈妈都会被打死！”原来，孩子是收养的，男方怪女方不能生育，结婚十几年经常实施家庭暴力，妻儿深受其害，苦不堪言。赖水顺得知情况，几经努力帮他们离了婚，合法分割了财产，为母女二人争得了合法权益。

在工作中，赖水顺几乎每天都要面对形形色色的矛盾纠纷，却始终和颜悦色地与当事人沟通，用耐心和对群众的深情，不断地印证着“相逢一笑泯恩仇”的佳话。

【推荐理由】

“让人间少一点怨恨，多一份温暖；让世界少一桩纷扰，多一刻温情”，这是赖水顺的座右铭，也是他追求的目标。5年多来，赖水顺共受理拟诉讼民商事纠纷案件2 056件，结案2 033件，占受理纠纷的98.52%；其中，成功受理226起重大、疑难、复杂的医疗损害赔偿纠纷，调解成功率达98.2%，妥善处理近300起群体性案件。

赖水顺所推动的第三方调节机制，后来运用到医患纠纷解决中，成了福建省的首创，被誉为“漳州模式”。实践证明，调处中心以“第三方”的角色介入调解后，很多百姓容易接受，调解成功率大幅度提高，促进了社会安定和谐。

至2013年，赖水顺先后收获了全国“五一劳动奖章”、福建省“五一劳动奖章”等荣誉称号，入选“中国好人榜”。

【各方评价】

调解员，一份平凡的工作，365天，赖水顺的每天都是忙碌的，几乎天天都要面对形形色色的矛盾纠纷，却始终和颜悦色地面对当事人，用耐心和智慧化解干戈、消融冰雪，不厌其烦地创造着“相逢一笑泯恩仇”的佳话，为矛盾双方建立了一条及时而又公正的缓冲带，成为龙江大地上有名的“和事佬”。

——《法制今报》记者田昕

赖水顺的先进事迹说明，社会管理创新往往会遇到“无先例可遵循、无个案可借鉴”的困难，只有敢于负责、敢于突破、敢于争先，才能有效地整合调解资源，实现多种调解方式的程序衔接、功能互补和良性互动；只有认真钻研、认真摸索、认真总结，才能形成一套在新形势下化解矛盾纠纷的方法和技巧。

——《闽南日报》记者黄丽红

九、熊为义和闫怀玲：中国式“普法鸳鸯”

【主要事迹】

熊为义和闫怀玲是江苏省邳州市一对普通农民夫妻。自 1985 年全国开展普法教育以来，夫妇俩先后无偿投入 20 多万元，不管寒冬还是酷暑，28 年如一日地坚持义务普法宣传，总行程超过 10 万里，足迹遍及苏北的山山水水，教育群众百万人次，被人们亲切称为“普法鸳鸯”。

在日常的普法工作中，熊为义利用自己能写会画的特长，自费购置纸张、颜料，以国家法律法规为内容，并结合本地实际，编绘 100 余篇案例故事，还制作大量法制宣传展板，通过拉着板车走村串户的方式，义务宣传国家的法律法规和国家相关政策。

熊为义夫妇的普法之路充满了艰辛。为了搞好普法宣传，这对普通的农民夫妇在农闲时节，总是早早起来做饭，像赶早市的生意人一样，将制作好的法律宣传板一块块放好、捆牢，还要带上防雨工具，然后，一个拉车，一个驾车。根据事先排好的路线，到指定村、镇和学校，放好展板，熊为义作现场讲解。中午，周围村落炊烟四起，饭菜飘香，这对普法“鸳鸯”取出煎饼、咸菜，打开水瓶，草草打发一顿。晚上，夕阳西下，他们收拾停当，托着疲惫的身子，拉着车子艰难地往回赶。

28 年来，夫妻二人举办法制讲座 1 206场，共展览 600 余期，拉坏了 2 辆平板车，受教育群众达 420 万人次，接待群众法律咨询 5 000余人次，参加非诉讼代理近百件。近年来，夫妇俩还用自己的名字创建了“鸳鸯普法网”，为他们的普法生涯开辟了崭新的天地。2014 年 1 月 5 日，由《法制日报》举办的 2013 年度法治人物评选中，“普法鸳鸯”熊为义和闫怀玲被评为年度法治人物之一。

【入选理由】

熊为义与闫怀玲的感人事迹，先后被《徐州日报》《江苏法制报》《人民日报》等新闻媒体报道。熊为义还先后荣获全国“二五”“四五”普法先进个人、“江苏省普法十佳家庭”“江苏十大法制新闻人物”“首届感动徐州十大人物”等荣誉称号。

夫妻二人的普法方式虽然简单、朴素，但正是这种最直接、最基层的普法道路，才会走得更远。他们结合最贴近民生的法律知识，深入镇村、学校作普法宣传。夫妻二人用这种方式，传达着法治社会的中国梦，也让更多人感受到了法治的力量。

【各方评价】

28 年普法路，不论阳光灿烂还是泥泞小路，他们一直在路上，从青春岁月到年过半百；28 年普法路，不论荣誉鲜花还是误解苦涩，他们都淡然面对，追寻自己的人生理想，谱写了一曲普法宣传的先锋之歌。

——中国江苏网记者许尽义

熊为义、闫怀玲的家境本应该是很富裕的，他们身居街头，如果不是把精力和时间都用在普法上，凭他们的勤劳、节俭、智慧和才能，过上个小康生活是不费难的。但他们将种地的微薄收入全部投入义务普法中。有时孩子病了，上学交不起学费，不得不向左邻右舍张口。令人敬佩的是，闫怀玲这位倔强的农家妇女自从投入义务普法的行列中来，从未后悔过。

——邳州市司法局办公室主任程大宁

十、湘江守望者：保卫母亲河的环保志愿者

【主要事迹】

2013 年 12 月 4 日，在中央电视台主办的 2013 年度法治人物评选活动中，来自于湖南本土环保组织绿色潇湘的湘江守望者群体凭借在湘江流域保护和执法推动中的杰出表现获评 2013 年度法治人物，这也是该奖项自 2001 年设立以来首次颁给一家民间环保组织。

湖南的湘江，是名副其实的湖南人的“母亲河”。长期以来密布湘江两岸的有色金属冶炼和各类化工企业的工业布局，使得湘江这条“母亲河”一度因为重金属污染积重难返。

2011年9月3日，以保护湘江生态为宗旨的民间环保组织“湘江守望者”正式成立，该组织通过在湘江上建立并有效运营了一个民间环保监测体系，来定期监测所在流域的生态环境状况，以推动污染问题的解决。

3年来，超过92位湘江守望者每天坚守在湘江流域的11个监测站点、8条一级支流和5大重污染区开展环保活动，平均每周完成8家污染企业的定位和调研，每天发布6条环境监测信息，见证并推动了大量污染问题的解决，同时为观察和记录湘江流域的变化积累了大量的数据。

通过扎实的工作，湘江守望者向排污的企业出手，举报其不法行为，也取得了一些成果。2011年12月8日，湘江守望者的志愿者毛建伟来到霞湾港排污口，发现浓黑腥臭的污水大量直排湘江，怀疑是重金属污染。他连续三晚到排污现场，最终找到了污染源——株洲市霞湾污水处理厂。随即，将情况举报到株洲市环保局。12月27日，株洲市环保局对霞湾污水处理厂下达了预处罚94万元的通知书。

正是在湘江守望者等环保组织的努力下，2013年4月1日，《湖南湘江保护条例》实施，成为我国第一部江河流域保护的综合性地方法规。另一些积极信号也连续出现。9月22日，湘江保护和治理列为省政府一号工程，提出用三个“三年计划”还子孙后代一江清水。11月，为落实“一号工程”，省政府公开招募200名“绿色卫士”，将分布在湘江沿线监督环境治理。

【推荐理由】

3 年时间里，湘江守望者 90 多位志愿者每天在湘江流域的 11 个监测站点、8 条一级支流和 5 大重污染区开展环保活动，平均每周完成 8 家污染企业的定位和调查，每天发布 6 条环境监测信息……

作为一个非营利性质的民间环保组织，湘江守望者已数不清监测了多少个排污口，促使多少个排污企业进行了整改，可贵的是，他们没有将这些行动仅仅停留在“玩票”层面，而是确切地推动了湘江的环境保护。湘江守望者制作的《问诊湘江》的调研报告，连同专业检测公司的水样数据，每次都会送到省政府和相关部门，供决策参考。2013 年，湖南省将湘江环保治理工作列为省政府一号工程，便是湘江守望者顺利推动相关部门行动的证明。

【各方评价】

湘江守望者志愿者的这种工作方式，在与排污企业的博弈中，明显处于下风。志愿者们的监督和举报直接威胁到了排污企业的利益链，被排污企业视为眼中钉，举报不能及时得到处理也就不足为奇了。如果能够立法对志愿者赋予监督权，这种情况就能得到大大的改观。

——湖南万和联合律师事务所律师李健

面对自然的恩赐，他们懂得感恩；面对河流的馈赠，他们知道回报。在一滴水的折射里，他们看得到人心的善恶，在一条河的律动中，他们用觉醒者的汗水和泪水洗刷无知者的罪行！一张张平凡的面孔，一步步艰难地前行，他们低身堵住的是注入母亲河的一道道污水，挺身扛起的是一江儿女的责任和担当。

——中央电视台“法治的力量”栏目组

【专家点评】刘仁文：倾听时代的声音

巧得很，当《检察日报》记者送来 2013 年中国十大影响力法治人物的材料的时候，我正在翻阅习近平同志的《之江新语》。

习近平同志在该书中有一篇文章援引马克思的一句名言为题，叫做“问题就是时代的口号”，指出要立足时代去倾听特定的时代声音，解决特定的时代问题。

2013 年中国十大影响力法治人物的事迹在某种程度上可以说反映了我们这个时代在法治领域的一些重要声音和问题，值得我们去用心倾听，并共同努力加以解决。

例如，为民洗冤的检察官张飚，他推动了浙江张氏叔侄冤案的平反。作为一个远在新疆石河子市检察院驻监狱的检察官，张飚为此案所付出的努力毫无疑问值得我们表达敬意。但也应当看到，他只是这个复杂的纠错工程中的一个环节，一个人物。2013 年年底，我在中国政法大学参加《南方周末》的十大影响性诉讼案件的点评时，遇到该案的代理律师朱明勇，得知他所做的一切后，我感到他同样值得尊敬。然而，更重要的是，冤案是怎样酿成的？它们又是如何一次次失去纠正的机会的？这些年来，佘某某案、杜某某案、赵某某案，一桩桩，一件件，无不震撼社会，怎不叫身为法律人的我们感到心痛?!

刘协和，精神卫生立法的推动者。为什么他会纳入我们的视野？是因为“被精神病”一直是全社会关注的一个问题。其实，不只是“被精神病”，在刑法领域中要么因精神病人犯罪被错杀、要么被一放了之的现象也长期受人诟病。随着《精神卫生法》的出台和新的刑事诉讼法对强制医疗决定的司法化改造，这个领域里的法治进程被大大推进。从对精神病人犯罪最初的一概不管，到 1997 年新刑法的强制医疗程序的引进，到 2012 年新刑诉法将强制医疗程序的决定权由公安机关转移到法院，大体反映了我国法治进程的两个规律：

一是越来越多的社会关系纳入法律调整的范围，二是涉及人身自由的措施都由法院来裁决。

蜀道上的背篼法官郭兴利，调解泯恩仇的道德模范赖水顺，还有普法鸳鸯熊为义和闫怀玲，这三者颇有中国特色，是身处现代化大都市、具备国际视野的我辈学人在思考中国法治进路中不可不切记的。习总书记的《之江新语》里，多次提到“人生本平等、职业无贵贱”“一切为民者，则民向往之”。司马迁曾指出，历史上多少富、贵、君、王“当时则荣，没则已焉”，而一介布衣孔子，却可以“倜傥非常之人称焉”，可见史家自有史家的编史标准。今天我们也常说，“活在人心便永生”。郭兴利、赖水顺等人的当选，不也说明了这个道理么？

环保的重要大概只要我们看看窗外北京严重的雾霾就心有戚戚焉了。本次碧水蓝天的环保倡议律师陈臻和保卫湘江的环保志愿者群体双双入选，足以说明评委会的良苦用心，前者是个体，后者是群体，表明环保既要靠我们每个人的努力，也要靠集体的力量。

本单元还有三位，他们是刚刚离开我们的许多政法往事的亲历者刘复之先生、英年早逝的“学术个体户”邓正来先生，以及实名举报反腐的媒体人罗昌平先生。对刘复之先生的纪念，使人们重新想起20世纪80年代的那场“严打”，以及今天组织这个活动的《检察日报》这份报纸的创立，更感叹时代的变迁，当年的“严打”刑事政策已经演变成如今的“宽严相济”刑事政策。邓正来先生的学术成就唤起了我们对知识分子“独立之人格、自由之思想”的向往和推崇，当然，他的英年早逝也再一次给那些忽略健康的中年知识分子敲响了警钟。罗昌平先生对刘某某的成功举报，以及其中充满曲折的过程，使之成为反腐败的英雄，同时，也引发了社会对网络反腐这样一种新形式的广泛关注和讨论。

习总书记在《之江新语》的“要善于学典型”一文中指出：仁厚的人看到别人的长处，挑剔的人看到别人的短处；谦虚的人学别人的长处修炼自己，自大的人借别人的短处膨胀自己；乐观的人学习别人而激励自己，悲观的人自惭形秽而放纵自己。让我们向2013年中国十大影响力法治人物致敬，并学习他们的美德和善行，共同推进我们的法治建设，使我们这个世界变得更美好。

第四节　2013中国十大影响力法治案例

(1) 薄某某受贿、贪污、滥用职权案。

(2) 刘某某受贿、滥用职权案。

(3) 李某某等五人强奸案。

(4) 海南校长带幼女开房案。

(5) 浙江张氏叔侄强奸再审无罪案。

(6) 河北王某某强奸、故意杀人上诉案。

(7) 湖南曾某某集资诈骗案。

(8) 唐某诉永州市劳教委案。

(9) 腾讯诉360“扣扣保镖”不正当竞争案。

(10) 华为公司诉美国IDC滥用市场地位垄断案。

初选入围十项：

一、薄某某受贿、贪污、滥用职权案

【案情简介】

2013年7月25日，薄某某涉嫌受贿、贪污、滥用职权犯罪一

案，经依法指定管辖，由山东省济南市人民检察院向济南市中级人民法院提起公诉。8 月 22 日至 8 月 26 日，济南市中级人民法院一审公开开庭审理了被告人薄某某受贿、贪污、滥用职权案。庭审中，法院严格遵循修改后刑诉法规定的诉讼程序，让控辩双方充分质证、充分辩论，并对庭审过程以微博直播方式公开。9 月 22 日，济南市中级人民法院作出一审判决，对被告人薄某某以受贿罪、贪污罪、滥用职权罪依法判处刑罚，数罪并罚，决定执行无期徒刑，剥夺政治权利终身，并处没收个人全部财产。薄某某不服一审判决提出上诉，山东省高级人民法院受理。10 月 25 日，山东省高级人民法院对薄某某受贿、贪污、滥用职权案二审公开宣判，裁定驳回上诉，维持一审无期徒刑判决。

【影响性评述】

作为 2008 年以来中央查处的级别最高的官员，薄某某被公诉、一审微博直播不仅显示了中央“打老虎”的决心，更彰显出法律面前人人平等的法治精神和依法治国的理念。济南市中级人民法院运用微博这一新媒体对案件审理情况进行了近乎全景式的播报，大量来自庭审现场的文字、图片、视频、音频等资料，让社会公众得以直观地了解案件审理的进程和细节，开放程度远远超出了外界的预期。此次微博直播庭审，具有标志性意义，彰显了法治精神和反腐信心，得到国内外舆论的一致好评。

【各方评价】

中国广播网评论认为：这一审判，再一次昭示全党和全国人民：党纪国法面前人人平等，制度执行没有例外，没有享受特权的党员领导干部和特殊公民，违法必究，贪腐必受惩处。

新华网评论认为：中央一系列反腐新举都体现出对腐败的“零容忍”，此次公布审判薄某某的相关信息，是中央“打老虎”的一个有力举措，是时代所向、群众所盼。

中国青年网评论认为：审判薄某某毫无疑问具有巨大的警示意义和教育意义。作为党的高级领导干部，必须深刻理解“法网恢恢、疏而不漏”的道理。要想不步薄某某之流的后尘，就必须做到三个“去除”：去除一切骄纵，去除一切侥幸，去除一切虚伪；同时要做到三个“敬畏”：敬畏人民赋予的权力，敬畏党纪国法，敬畏人民群众的监督。

香港《大公报》发表社评认为：一起最为敏感、最受关注的案件，却以一种最为公开、最为开放的姿态来进行。对薄某某的公开审判，注定将在中国法治史留下浓重的一笔。

中国政法大学教授顾永忠在《检察日报》撰文表示：薄案庭审最突出的亮点有二：一是对庭审活动采用微博直播的方式，最大限度地实现了审判公开；二是被告人薄某某及其辩护人的诉讼权利得到了充分保障。这两点一方面彰显了诉讼程序本身的公正，另一方面也预示了审判结果的实体公正。

中国刑法学研究会会长、北京师范大学法学院院长赵秉志在《法制日报》撰文表示：该案是一宗兼具程序正当与实体正义的典型案件，相信该案的审判会有力地促进我国的反腐败事业和依法治国的步伐。

二、刘某某受贿、滥用职权案

【案情简介】

2011 年 2 月，中纪委对中共中央委员、铁道部原部长、党组书记刘某某严重违纪问题进行立案调查。2013 年 6 月 9 日，北京市第二中级人民法院公开审理刘某某涉嫌受贿、滥用职权案。法院审理查明：1986 年至 2011 年，刘某某利用职务便利，为邵某某、丁某某等 11 人在职务晋升、承揽工程、获取铁路货物运输计划等方面提供帮助，先后非法收受上述人员给予的财物共计折合人民币 6 460万余元。刘某某的违规行为使丁某某等人获得巨额经济利益，致使公共财产、国家和人民利益遭受重大损失。7 月 8 日，法院作出一审判决，刘某某被以受贿罪、滥用职权罪数罪并罚，决定执行死刑，缓期两年执行，剥夺政治权利终身，并处没收个人全部财产。一审宣判后，刘某某服判没有上诉。

【影响性评述】

刘某某案是“十八大”以来司法机关审理的首宗正部级官员贪腐案，被视为中央反腐“打老虎”的标志性案件之一。从 2011 年 2 月落马到判决，刘某某案历经两年多时间，从动车奢华采购到违规招标，到与丁某某的权钱交易，受到社会各界广泛关注。一方面，对刘某某案的依法审判，体现了党中央有案必查、有腐必惩的决心和力度；另一方面，这起典型的官商勾结的案例也揭示了一个新的问题：面对不断加大的反腐力度，贪官纷纷通过中间人，建立利益体外循环系统，这无疑成为反腐败工作中一个亟待解决的新课题。

【各方评价】

《新京报》社论认为：曾经有少数人还认为，刘某某是个“能吏”，中国高铁固然问题不少，但他也为中国高铁作了贡献。在信息不对称的情况下，公众或许难以对刘某某作出客观的评判。刘某某在多大程度上阻碍了铁路改革，其给政府和社会带来的负面影响，也难以被准确认知。因此，审判刘某某既是彰显法治理念的机会，也是定讼止争，让传言止息、让真相呈现、让民众全面了解刘某某罪与罚的必经程序。

《南方都市报》评论认为：反腐要出重拳，但制度建设更是重要。等到苍蝇成群、老虎跑到大街上伤人时再出手，固然能够彰显法治精神，但何不事先就制定制度，让那些贪官不敢贪、不愿贪、也没法贪呢？这不光是维护群众的利益，也能少让一些官员坐穿牢底、人头落地，可谓功德无量。

《法制日报》评论认为：铁道部的拆分，被称为最后一个计划经济堡垒的瓦解。未来铁路总公司如何避免国企的代理人风险、如何建立更加完善的监督机制，尤其是赋予广大职工更多的内部监督权，避免国有资产被掏空流失的悲剧再度发生，是一个必须要直面的现实课题。但愿刘某某被审给正在进行中的铁路系统新一轮改革以足够的反面教训。

"民间反腐败研究第一人"王荣利律师认为：刘某某案突出反映了官商勾结问题的严重性。"十八大"以来，中央反腐败"打老虎"，至今有20余名副省部级以上高官"接受组织调查"，而每个高官"接受组织调查"的背后，基本上都会牵扯数名企业家同时"被调查"。

三、李某某等五人强奸案

【案情简介】

2013年2月19日，北京警方接报，2月17日晚，某女在海淀区某酒吧内与李某某等人饮酒后，被带至某宾馆内轮奸。2013年2月20日李某某等被刑事拘留。北京市海淀区人民法院一审庭审中，李某某当庭否认与被害人发生性关系，其律师也坚持无罪辩护。2013年9月26日，海淀区人民法院以强奸罪判处李某某有期徒刑十年。李某某及其法定代理人和同案被告人王某提出上诉。11月27日，北京市第一中级人民法院终审宣判，驳回上诉，维持原判。

2014 年 1 月 20 日，李某某等人强奸案同案犯王某的律师周某等涉嫌违反律师执业规范、不当披露案情，被北京市律师协会给予“公开谴责”处分。

【影响性评述】

据统计，本案进程中的重要节点均成为当日最受关注的法治新闻。本案所牵出的未成年人犯罪惩戒与隐私保护、律师职业道德与委托方利益、防止不当且过度的社会舆论干涉司法审判、鼓励舆论监督、防止舆论审判等问题，都值得学界和社会各界深入探讨。

【各方评价】

《人民法院报》评论《不公开审理与公众知情权的满足》称：不公开审理并不意味着不能公布案件审理中的任何信息。法院在不侵犯未成年人犯罪案件中当事人隐私权的情况下，可以适度公开案件相关信息。法院在处理李某某等人强奸案时，恰恰在未成年人权益保护和尊重公众知情权之间找到了两者的平衡点，厘清了不公开审理和公开相关信息的界限。

《京华时报》评论《李某某案，一场娱乐化的喧嚣》称：对于不公开审判的案件，在制度上，法院只能在判决作出后才能主动且有限发声，而其他各方却早已“不厚道”地把他们“想要的真相”毫无顾忌地传递给了公众，一些群众早就先入为主。如何让案件回归案件本身，各方需要早思为好。

四、海南校长带幼女开房案

【案情简介】

2013 年 5 月 8 日，海南省万宁市 6 名小学女生被万宁第二小学校长陈某某及该市房管局职工冯某某带走开房过夜。5 月 15 日，万

宁市人民检察院以涉嫌猥亵儿童罪批捕了两名犯罪嫌疑人。6 月 20 日，海南省第一中级人民法院以强奸罪分别判处被告人陈某某有期徒刑十三年六个月，剥夺政治权利三年；判处被告人冯某某有期徒刑十一年六个月，剥夺政治权利一年。宣判后，冯某某表示不服，提出上诉。7 月 12 日，海南省高级人民法院不公开开庭审理后，当庭裁定驳回上诉，维持原判。

【影响性评述】

小学校长本来承载着十分特殊的社会角色，应有更为强烈的社会责任感，但是，在此案中却以如此不堪的扭曲的方式进入公共视野，着实令人震惊和诧异。事件曝光之初，要求严惩犯罪嫌疑人、师者道德沦丧、教育堪忧的呼声不断。在网友一片谴责声中，有关方面早先的回应迅速转化为一场公信力危机。如此素质的校长是如何通过选拔的，选人用人标准是否存在漏洞，监管部门行使监管权是否缺少监督等问题也遭到拷问。而且由此案引发的“嫖宿幼女罪”与“强奸罪”之争再一次被推上风口浪尖。

【各方评价】

北京律师许昔龙认为：绝不能简单地以未成年少女处女膜完好为由判断本案就不是强奸事件，犯罪嫌疑人的强奸中止、强奸未遂行为均有可能不伤及处女膜。强奸与猥亵区别的关键是在于行为人是否违背妇女意志，以发生性关系为目的，强奸要求行为人必须有强行通过性交来达到性满足的故意，猥亵是行为人以通过性器官接触以外的猥亵行为来满足自己感官上的享受。

人民网评论《校长带女生开房不能停留在澄清和追问》认为：猥亵性侵未成年案屡禁不绝，给公众带来难以掩盖的情绪伤害，拷问着未成年保护的社会责任。性侵与否并非问题关键，人们对学校教育的质疑和对未成年保护的忧思显得更为重要，如何斩断未成年女生与外界的畸形关系链，绝不能只停留在澄清和追问之中，多在法律与道德教育上面做努力，才能避免问题的再发生。

《法制日报》评论《海南一校长带小学幼女开房处女破和师德都破了》认为：如此惨无人道、灭绝人性之事，足实丢尽了素质教育的脸，也痛扇了我国教育的耳光。这样的校长又是否通过了“德”的选拔？这样的校长被选拔出来，我们的教育部门是否被蒙蔽了双眼？我们的选人用人标准是否存在漏洞？我们的监管部门又是否在行使监督的权力？校长被免职只不过是治标不治本，要想杜绝同类事件的再次发生，必须从根源拔除病灶，在用人、选人之初就把好关、擦亮眼，将权力与责任画上等号，这样才能杜绝更多的孩子受到伤害。

五、浙江张氏叔侄强奸再审无罪案

【案情简介】

2003 年 5 月 19 日，杭州发生了一起“奸杀案”，经警方侦查，认定是安徽省歙县人张某某、张某叔侄俩所为。2004 年 4 月 21 日，杭州市中级人民法院以强奸罪分别判处张某死刑、张某某无期徒刑。

同年10月19日，浙江省高院二审分别改判张某死刑、缓期两年执行，张某某有期徒刑十五年。2013年3月26日，浙江省高院再审宣告张某、张某某无罪。2013年5月20日，浙江省高院作出国家赔偿决定，共计赔偿二人221.14612万元。

【影响性评述】

纵观近年来曝光的多起冤假错案，不难发现一些共同点：如多数情况下是因为真凶落网或发现了关键证据等偶然因素，或是借助微博等媒介的披露和传播或媒体的持续关注，使办案机关感到某种压力，冤案才最终得以昭雪。而张氏叔侄的冤案，几乎是上述共性的“集大成者”。浙江叔侄冤案引发广泛深思：该如何避免冤案的发生？

【各方评价】

北京尚权律师事务所刑辩律师毛立新认为：叔侄俩沉冤得雪，欣慰之余更觉沉重。这起并不复杂、证据明显不足的案件，正义本可以早就实现，却整整迟到了10年。他们凭借对神秘证人袁某某的质疑打开了平反的突破口，同样充满偶然和离奇。

《南方都市报》评论《浙江叔侄冤案：还远非谈宽恕的时候》认为：如果说国家赔偿追究的是机构责任，那么针对个案启动渎职调查，追问的便是执法者的个人责任，二者构成“虽迟到，但依然要完整”的正义本身，互相之间无法替代，更不可偏废。

《新京报》评论《7 次“纠冤”机会何以全部错失》认为：一旦警方通过刑讯逼供、诱供、指供，把“冤案”打造成“铁案”，输入司法流水线，就如同“滚石下坡”，一路冲关夺隘，直到作出有罪判决方止。对于判决生效后的案件，刑事诉讼法也规定了申诉和再审程序，但从实践看，这一事后纠错机制同样难以奏效。

六、河北王某某强奸、故意杀人上诉案

【案情简介】

2005 年 1 月，河北省广平县人王某某被警方抓获。随后，王某某供述，自己曾强奸多名妇女并杀死 4 人，其中包括一起“1994 年石家庄西郊玉米地奸杀案”（与聂某某案高度重合，这起案件原本早已被石家庄警方侦破，且案犯聂某某已于 1995 年被执行死刑）。2007 年 3 月 12 日，河北省邯郸市中级人民法院作出一审判决，以故意杀人罪、强奸罪判处王某某死刑。王某某认为，原判认定的三起故意杀人、强奸犯罪事实属自首，应从轻处罚；其所供述的在石家庄市西郊强奸、杀人案，是对国家和社会的贡献，属重大立功，应

从轻处罚，遂上诉至河北省高级人民法院。河北省高级人民法院受理该案后，先后三次开庭审理此案。2013 年 9 月 27 日，河北省高级人民法院公开宣判，驳回王某某上诉、维持原判。

【影响性评述】

自 2005 年王某某主动供述自己系“石家庄西郊玉米地奸杀案”真凶以来，该案“一案两凶”的罕见案情一直备受司法界及社会舆论的高度关注。河北省高级人民法院审理期限远远超出修改后刑诉法关于二审审理期限的规定。值得一提的是，河北省高级人民法院此次开庭前开通微博，实时通报庭审进展、聂某某家属和更多媒体获准旁听等司法公开举措，受到了各方肯定。

【各方评价】

案件审理期间，《东方早报》官方微博发表的一条题为“三句话总结一下上午的庭审”的微博在网上热传：“王某某：人是我杀的；辩护人：是他；检方：不是他。”检察员与律师角色的错位，让舆论莫名惊诧。不过，有法律界人士指出，控辩双方是在证明王某某是否“立功”，且单凭口供不足以证明王某某就是聂某某案的真凶，检方此举是严格落实了疑罪从无的原则，因此不存在角色错位的问题。然而，舆论也担心这是当地司法机关对疑罪从无原则的选择性使用。

七、湖南曾某某集资诈骗案

【案情简介】

2008 年 12 月，湖南三馆房地产开发集团有限公司总裁曾某某因涉嫌集资诈骗罪被逮捕。2011 年 5 月 20 日，长沙市中级人民法院以集资诈骗罪判处曾某某死刑。2013 年 6 月 14 日，最高人民法院作出

裁定，核准曾某某死刑。7 月 12 日，长沙市中级人民法院依法对曾某某执行死刑，随后邮寄通知书。当日晚，曾某某之女曾某通过微博控诉，其父被执行死刑前家人未获通知。11 月 25 日，最高人民法院官方网站及微博公布了曾某某集资诈骗案刑事裁定复核书。据裁定书，曾某某集资 34.52 亿，仅 5.5 亿用于项目。另外，裁定书还认定曾某某非法转移、隐匿或用他人的名义成立公司，包括以他人名义投资的多个项目和公司的犯罪事实。

【影响性评述】

舆论对此案件的关注不仅局限于曾某某家属未获死刑通知一点，曾某某集资诈骗案审理过程中的程序不公之处，以及经济犯罪判处死刑是否过重等问题均引发讨论。在舆论不断地关注下，中国司法制度中对程序正义的重视程度以及司法公信力再一次经受了严峻的考验。此外，在本案例中，长沙市中院官方微博一则解释“未通知家属”的微博成为舆论众矢之的，不仅没有能够回答疑问，还让人对司法应有的人性关怀产生疑问。曾案中的这一插曲为政法机关微博运营和管理敲响了一记警钟。

【各方评价】

海南大学法学院副教授王琳认为：从程序上，若长沙市中级人民法院真向曾某某履行了告知义务，应公示告知文书。死刑犯近亲属申请会见权也需要提前告知才能保障。最高法解释第 423 条和第 426 条不能合二为一。

《新华每日电讯》评论认为：验明正身已属于临刑前的最后一个环节，在这个时候告知，已无兑现此权利的可能，这实际上成了一个无法被保障的伪权利。

中国政法大学副教授吴法天认为：法院只是错在应对不当。刑事诉讼法规定了执行死刑之前要告知罪犯有与亲属见面的权利，也规定了执行后有通知家属的义务，但确实没有明文规定在执行前必须通知家属。可以批评法律规定不够人性，但不能说违法。如认为现行规定不妥，应该通过修法去推进。

中国社科院法学所研究员周汉华建议：在修改相关法律条文的时候，可以考虑明确增加死刑犯执行前要提前通知家属，以充分尊重和保障死刑前的会见权。

八、唐某诉永州市劳教委案

【案情简介】

2006 年 10 月，湖南永州年仅 11 岁的女孩乐乐被周某某骗奸并被胁迫卖淫，乐乐母亲唐某几经周折救出女儿。2008 年 4 月，乐乐被逼卖淫案由永州市人民检察院向永州市中级人民法院提起公诉，法院判决被告人秦某、周某某死刑。但唐某认为该案中有民警存在渎职却未受惩处，继续上访。2012 年 8 月，永州市公安局零陵分局

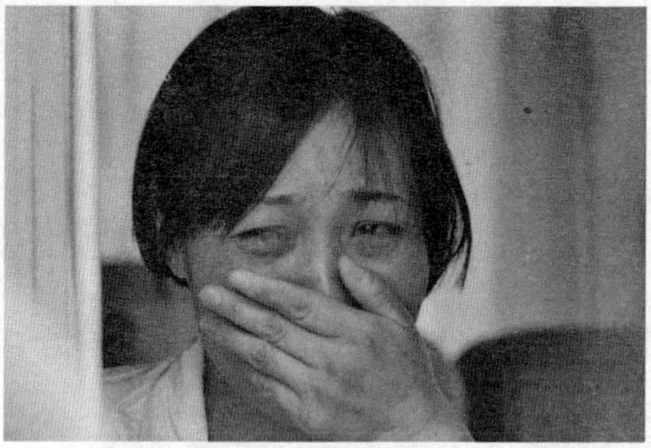

对唐某处以“劳动教养 1 年 6 个月”。此决定在 2012 年 8 月 8 日经湖南省劳教委复议依法撤销。唐某提出国家赔偿，永州市劳教委不予赔偿。唐某不服，提起行政诉讼。2013 年 4 月 12 日，唐某诉永州市劳教委一案在永州市中级人民法院一审中败诉，唐某上诉。7 月 2 日，此案二审在湖南省高院开庭。7 月 15 日，该案二审宣判，唐某胜诉，但法院驳回了唐某提出的要求永州市劳教委书面道歉申请。

【影响性评述】

唐某母女的经历，暴露出法治不完备环境下了公民权益受侵犯的潜在危机。湖南高级人民法院的二审改判，具有“很大的进步和意义”。这种进步，不仅在于唐某胜诉，更在于从内在的公平正义价值诉求上，就此前唐某被劳教问题“还了她一个公道”。

【各方评价】

湘潭大学法学教授倪洪涛表示：对于唐某来说，这也许只是一个迟来的安慰；但对于中国法治进程而言，却无疑迈出了巨大的一步。唐某案的终审判决，使人们看到了司法本应具有的公正力量和纠错能力，这种对正义底线的坚守正是社会发展的基石与希望所在。

中国政法大学副校长、中国行政法学研究会会长马怀德认为：唐某案的积极意义不仅体现在通过法律还了唐某一个公道，更重要的是体现了公民在面对行政强权时的胜利，这无疑有助于那些手握公权者进行深刻的反思。

《新京报》评论认为：在劳教改革呼之欲出的大背景下，“不对上访者处以劳教”已逐步成为社会各界的共识。“暂停劳教审批”讯息的不时传出，或许预示着改变的即将到来。唐某案的标志性意义就在于，它为劳教改革的推进又树立了一个路标。期待这种事实上“暂停”能早日成为法律层面的“废除”。

《成都商报》评论称：有记者在微博上连篇累牍地质疑唐某，称其动机不纯，有利益诉求，且有违法行为，是个“刁民”。唐某当然不是十全十美的英雄，她身上同样存在常人所具有的缺点，但她不该因此承受道德审判。借用鲁迅的一句话“有缺点的战士仍然是战士”，有缺点的受害者仍然是受害者，需要法治正义的补偿。毕竟，道德的归道德，法律的归法律。道德不能绑架法律，人品不能涂改正义。当每个有缺点的个人都为自己的合法权益较真，社会和法治才会不断进步。

九、腾讯诉360“扣扣保镖”不正当竞争案

【案情简介】

2010年10月29日，360公司推出一款名为“扣扣保镖”的安全工具。腾讯公司称，“扣扣保镖”在用户登录QQ后，就会跳出“QQ可能侵犯用户隐私”等提示，进而诱导用户“一键修复”，删除QQ功能插件，并装上360的产品。腾讯于2010年11月3日宣布，用户必须卸载360软件才可登录QQ。随后，两家公司转战法院。腾讯起诉360“扣扣保镖”不正当竞争，索赔1.25亿元。360起诉腾讯滥用市场支配地位构成垄断，索赔1.5亿元。两起案件360

均一审败诉，随后360向最高人民法院上诉。2013年11月26日，最高人民法院公开审理360诉腾讯滥用市场支配地位一案；12月4日，最高人民法院开庭审理腾讯诉360不正当竞争一案。目前两案的审判结果尚未公布。

【影响性评述】

腾讯与360两家企业之间的这起纠纷在影响的网民数量、诉讼标的额等多方面都创出行业记录，对中国互联网的发展以及相关立法都带来了诸多全新的课题。在互联网时代，怎样提倡公平竞争和良性的市场秩序，以及如何有效保护用户的权利，是这个时代最需要考虑的问题，也是司法机关审判时需要重点考虑的落脚点。不论最终结果如何，这场引发业内外广泛关注的纠纷无疑将有助于推动国内互联网领域的良性竞争、加快相关立法进程，网民的切身利益由此也将得到更好的保护。

【各方评价】

中国互联网协会副秘书长石现升认为：最高法院由副院长担任审判长，说明不正当竞争已引起了广泛关注。案件的公开审理具有里程碑意义，通过庭审、辩论等，有助于规范互联网企业之间的竞争。

中国社科院法学所研究员周汉华认为：传统法律在进入互联网时代后，对许多网上的行为缺乏明确的规范，存在着法律滞后的客观现实。不仅中国如此，全球也面临相似问题。因为互联网技术发展非常快，商业模式也在不断创新。在这种情况下，怎样提倡公平竞争和良性的市场秩序，以及如何有效保护用户的权利，是这个时代最需要考虑的问题，也是司法机关审判时需要重点考虑的落脚点。

中国移动互联网产业联盟秘书长李易表示：对司法机关来说，应该把这起纠纷案件作为一次契机，使消费者的权益得到很好的保护。否则，今后企业间类似的纠纷还会发生。

十、华为公司诉美国 IDC 滥用市场地位垄断案

【案情简介】

2011 年 12 月 6 日，华为公司以美国交互数字集团（Inter Digital，简称 IDC）滥用市场支配地位为由向广东省深圳市中级人民法院提起反垄断诉讼，请求法院判令其停止垄断行为，并索赔人民币 2 000万元。深圳市中级人民法院一审判决判定 IDC 公司因实施了垄断行为，判其赔偿华为公司人民币 2 000万元，但同时驳回了华为公

司提出的关于IDC公司对必要专利一揽子许可构成捆绑搭售行为的诉求。一审判决后，双方当事人均提起上诉。2013年10月28日，广东省高级人民法院终审判定维持了深圳市中院的一审判决，判定IDC公司因实施了垄断行为，赔偿华为公司人民币2 000万元，不予认可华为公司提出的关于IDC公司对必要专利一揽子许可构成捆绑搭售行为的诉求。

【影响性评述】

该案属于新技术条件下的重大疑难复杂案件，是我国首例因标准必要专利许可引发的纠纷，被舆论称为中国标准必要专利反垄断纠纷第一案，引起了世界各国尤其是通信业的高度关注。该案涉及专利权技术垄断和市场垄断之间的关系与如何判定滥用垄断地位等当今世界知识产权司法保护最前沿、最新颖的问题。因此，该案判决确立的裁判标准，对于我国乃至国际知识产权司法保护领域均将产生重要影响。此外，华为公司之所以胜诉，关键在于其敢于运用知识产权的法律武器来保护自己，尤其是大胆运用反垄断规则打破对方的技术堡垒，值得其他中国企业学习。

【各方评价】

广东省高院认为：华为公司之所以胜诉，关键在于其敢于运用知识产权的法律武器来保护自己，尤其是大胆运用反垄断规则打破对方的技术堡垒，值得其他中国企业学习。

中国人民大学法学院教授杨立新认为：审理本案的两级法院的法官，表现了高水平的理论修养和准确适用法律的能力。本案的判决结果，实事求是，客观公正，符合国际知识产权的保护规则，展现了中国法院的法律适用水平。对IDC公司在美国提起的华为公司侵权的主张，美国联邦贸易委员会近期裁决华为公司不构成专利权侵权的结果，也佐证了中国法院适用法律的客观性和公正性。

东南大学法学院博士张马林表示：该案存在一定的借鉴意义。首先，根据英美国家的法系，华为在中国和美国的双双胜诉，将会成为类似案件的判决参考依据之一；其次，华为的方法高明，不止应诉，还打击软肋，这实际上也要求，受337调查的中国企业，不要坐以待毙，而是要积极行动。此外，企业也要储备国际法律人才，尤其是了解针对性国家法律的人才。

《国际金融时报》评论则强调：华为的案例仍属于“个案”，因为通信行业的情况不能用于其他行业，同时，中美两国的企业纷争还受制于中美两国的政治环境和贸易环境，这并非企业所能控制。不过，不管如何，中国企业在加紧创新，打破美国的技术壁垒上，仍要下功夫，至少要做到“内在强大”。

【专家点评】齐文远：彰显时代特色，建设法治中国

随着那首“时间都去哪儿了”的歌家喻户晓、深入人心，2013年即农历蛇年也渐渐离我们远去。不过，如果我们仔细回想，时间其实并没有无痕无迹地随风而逝，而是演变为一桩桩造福人类的伟大成就，或者凝结成一个个警醒世人的重大事件，在滴答滴答的节奏声中汇集成时代前进的脚步。在法治实践领域，具有时代影响力的典型案件则成为过去一年的时间节点。从备受国人关注的“薄某某受贿、贪污、滥用职权案”网络直播审判到“铁路强人刘某某受贿、滥用职权案”被判死缓，从引起社会热议的“李某某等五人强奸案”到令国人震惊的“海南校长带幼女开房案”，以及令人叹息的“浙江张氏叔侄强奸再审无罪案”等，无不体现了法治中国的发展方向以及现实法治的前行步履。

“薄某某受贿、贪污、滥用职权案”和“刘某某受贿、滥用职

权案”均为我国高官职权犯罪案件，属于中央严惩腐败“打老虎”的典型性案件。薄某某案是继王某某案、薄某某某案后受国际国内民众广泛关注的案件，该案通过微博直播的方式公开审判，将公开、公正审判的法律原则及充分保障被告人诉讼权利的法治理念贯彻始终，极大地提升了司法公信力，彰显了法律面前人人平等的法治精神，同时，其标志性意义还在于真正体现了“法治将成为治国理政的基本形式”这一方略。刘某某案发生在中国铁路高速发展的时期，然而这不能成为其随意践踏法律的理由，对其依法审判，体现了党中央严惩腐败的意志决心。此外，该案还深刻地提醒我们：在今后的改革中，主要应当解决的问题是如何真正把权力关进制度的笼子。

接下来要提到的两起案件发生在我国一北一南，都涉及到未成年人问题。前者是发生在北京的“李某某等五人强奸案”，它起初为社会普遍关注是因为李某某的父母均系名人，然而最终引起轩然大波的原因却是案件涉及到未成年犯罪人的特殊保护、媒体对案件细节的提前公开和过度“炒作”及对司法的影响等问题。从对李某某的审理过程来看，办案人员坚守住了司法的公正和理性，维护了法律的尊严和公信力，但在此期间个别媒体为了吸引公众眼球而公然违反我国未成年人保护法的种种“爆料”做法则应当受到谴责乃至追究。另外，从社会层面而言，该案的教育意义还在于为人父母者应如何对子女进行管教的问题。后者则是指“海南校长带幼女开房案”，它是近年来校园内性侵幼女最严重、最恶劣的一起案件。人们在怒问这位披着人类灵魂工程师外衣的“色魔”为何道德如此沦丧的同时，也在思考对其应怎样惩办方能做到罪刑均衡，由此展开了对“嫖宿幼女罪”存废问题以及该罪与“强奸罪”关系的大讨论。当然，此案的社会意义实际上已远远超出了刑法的罪与罚，它提示我们应更多地反思应如何具体强化职业操守、教师准入门槛以及怎样加强对未成年人的全面保护等一系列社会治理问题。

“浙江强奸再审无罪案”中的张氏叔侄的遭遇令人扼腕，这一错案发生若干年后被提起再审纠正的社会意义除了沉冤昭雪、正义复归之外，更重要的还在于促使人们反思避免冤假错案发生的机制。而“河北王某某强奸、故意杀人上诉案”因公诉方和辩护方的“角色错位”而使得民众感到困惑。但如果换个角度来看问题，司法机关何尝不是在践行疑罪从无原则呢?!

除以上六案外，“湖南曾某某集资诈骗案”“唐某诉永州市劳教委案”“腾讯诉360‘扣扣保镖’不正当竞争案”和“华为公司诉美国IDC滥用市场地位垄断案”也进入2013年十大影响力法治案例之列，它们或者为司法能更贴近人性进行着启蒙，或者为推进人权保障树立了路标，抑或为推动市场主体公平竞争、保护消费者权益、倡导企业善用知识产权武器提供了范本。

综览以上案例，其涵盖范围之广泛，社会影响之深远，均堪称典范。对它们的遴选、推介和宣示，是对我国司法实践成就的中肯评判，更是对公民的法治意识和法律认同的培养与提升。哈罗德·伯尔曼说过：“法律必须被信仰，否则它将形同虚设。”建立法治社会的基石在于培育公民的法律信仰，而公民法律信仰的培育又依赖于这些典型案例所体现的直观司法公正，因此，上述2013年十大影响力典型案例对增进公民的法律信仰从而推进法治中国的进程具有特别重要的意义。

第五节 2013中国十大法治新闻

（1）十八届三中全会将“法治中国”正式写入党中央文件。

（2）全面深化司法改革提出“人财物统一管理”目标。

（3）中央巡视组“重拳打虎”多名省部级高官落马。

（4）高检院5年反贪报告引起中外关注。

（5）劳教制度施行50余年终被废止。

（6）政法机关集体发声纠正防范冤假错案。

（7）微博直播庭审开启司法公开新时代。

（8）打击网络“大谣”净化网络环境。

（9）彻查“衡阳破坏选举案”彰显反腐决心。

（10）《新快报》事件重申新闻职业道德社会责任。

一、十八届三中全会将“法治中国”正式写入党中央文件

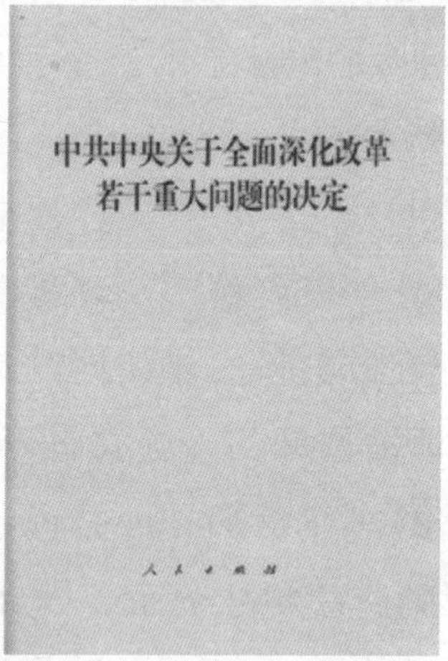

【关键词】

法治建设　法治中国　平安中国

【新闻简介】

党的“十八大”报告明确提出，法治是治国理政的基本方式，

"要全面推进依法治国，加快建设社会主义法治国家"，并对我国法治建设作出了新的重大战略部署。

2013年1月，中共中央总书记习近平就做好新形势下政法工作作出重要指示，要求全国政法机关顺应人民群众对公共安全、司法公正、权益保障的新期待，全力推进平安中国、法治中国、过硬队伍建设，进一步提高执法能力，进一步增强人民群众安全感和满意度，进一步提高政法工作亲和力和公信力，努力让人民群众在每一个司法案件中都能感受到公平正义。

2013年2月23日，习近平在主持中共中央政治局第四次集体学习时强调，全面建成小康社会对依法治国提出了更高要求。我们要全面推进科学立法、严格执法、公正司法、全民守法，坚持依法治国、依法执政、依法行政共同推进，坚持法治国家、法治政府、法治社会一体建设，不断开创依法治国新局面。

2013年11月，党的十八届三中全会《中共中央关于全面深化改革若干重大问题的决定》则进一步明确提出"推进法治中国建设"，并对法治中国建设所涉及的主要领域进行了具体部署。无疑，"法治中国"的提出，标志着我国法治建设进入到一个全面深化改革的新阶段，意味着我国法治建设又一次极为重要的全面提速与极为深刻的转型升级。

【各方观点】

《人民日报》发表评论员文章"营造法律至上的法治环境"指出：自党的"十八大"以来，明确"法治是治国理政的基本方式"，强调"依法治国首先是依宪治国"，号召"开创依法治国新局面"……短短几个月内，法律的作用不断被强化，"法治"的理念反复被重申，成为新一届中央领导集体治国理政最为醒目的标志之一。进一步优化法治环境，就要把重心转到法律的实施上，坚决打击有法不依、执法不严、违法不究现象，深入解决地方保护主义、部门保护主义和执行难问题，实现从“法律体系”到“法治体系”的转变、从“法律大国”向“法治强国”的跨越。

国家行政学院法学教研部主任胡建淼说：“法治中国”是将法治的共性与中国具体国情相结合的产物，是对依法治国方略的新提升。党的十八届三中全会不仅将“法治中国”正式写入党中央文件，而且还将它单设一个部分，这标志着中国的法治建设进入到一个新阶段。

国务院法制办副主任、中国法学会副会长袁曙宏在《求是》发表文章说：建设法治中国是一项综合性的系统工程，目标宏大，任务艰巨。我们要更加重视推动科学立法、严格执法、公正司法、全民守法，更加重视通过微观法治推动宏观法治，通过具体法治实现整体法治，全力描绘出一幅雄伟壮丽的中国法治画卷。

中国社会科学院法学研究所所长李林说：建设法治中国，应当更加重视法治文化建设，着力从理论观念和思想认识上解决问题；应当更加重视法律制度建设，着力从制度上解决问题；应当坚持正确的法治发展道路和发展方向，加强和改进党对法治建设和依法治国事业的领导。

【评选观点】

党的十八届三中全会审议通过的《中共中央关于全面深化改革若干重大问题的决定》将“推进法治中国建设”单列，作为全面深化改革的重大问题之一进行论述，具有不同寻常的意义。

依法治国是我国的基本方略。自党的“十五大”以来，党中央提出和确立了依法治国、依法执政和依法行政的治国理政原则，同时也提出和确立了法治国家、法治政府和法治社会的法治建设目标。习近平总书记在纪念现行宪法公布施行30周年大会上的讲话和2013年在主持中共中央政治局第四次集体学习时的讲话中，首次提出和强调了“坚持依法治国、依法执政、依法行政共同推进，坚持法治国家、法治政府、法治社会一体建设”。

在此基础上，2013年年初习近平总书记在就如何做好新形势下政法工作问题的重要批示中首次提出了建设法治中国的新目标。法治中国是自党的“十五大”以来，有关依法治国、建设社会主义法治国家的“综合版”和“升级版”。法治中国是世界的法治共性与中国具体国情相结合的产物，它只适用中国，不适用世界上的其他国家；它并不限指法治国家，它是法治国家、法治政府和法治社会的综合体，所以也是“升级版”。

《决定》将“推进法治中国建设”作为全面深化改革的重大问题之一进行论述，意味着法治是改革内在的内容，而不只是外在的保障；法治本身就处于时代主题的中心。因此，《决定》从根本上树立起法治的极大权威，也从根本上改变了人们对法治与改革发展稳定关系的传统认识。

从依法治国到法治中国，是中国法治建设的一次极为重要的升级，是中国共产党探索治国理政规律的一个极为重要的成果，是中国政治文明进一步提升的一个极为重要的契机。

二、全面深化司法改革提出“人财物统一管理”目标

【关键词】

司法改革　人财物统一管理

【新闻简介】

2013年11月15日，党的十八届三中全会审议通过的《中共中

央关于全面深化改革若干重大问题的决定》发布。

《决定》提出，确保依法独立公正行使审判权检察权。改革司法管理体制，推动省以下地方法院、检察院人、财、物统一管理，探索建立与行政区划适当分离的司法管辖制度，保证国家法律统一正确实施。建立符合职业特点的司法人员管理制度，健全法官、检察官、人民警察统一招录、有序交流、逐级遴选机制，完善司法人员分类管理制度，健全法官、检察官、人民警察职业保障制度。健全司法权力运行机制。优化司法职权配置，健全司法权力分工负责、互相配合、互相制约机制，加强和规范对司法活动的法律监督和社会监督。改革审判委员会制度，完善主审法官、合议庭办案责任制，让审理者裁判、由裁判者负责。明确各级法院职能定位，规范上下级法院审级监督关系。推进审判公开、检务公开，录制并保留全程庭审资料。增强法律文书说理性，推动公开法院生效裁判文书。严格规范减刑、假释、保外就医程序，强化监督制度。广泛实行人民陪审员、人民监督员制度，拓宽人民群众有序参与司法渠道。

【各方观点】

中国人民大学法学院教授陈卫东指出：这次司法改革主要是解决制约司法公正的两大体制性障碍：一是司法地方化，二是司法行政化。这次改革有望突破。虽然只是管理方式的改变但却是制度性的变革。当然这还需要更加具体的制度措施予以跟进、落实。地方法院、检察院的人财物，不依赖地方，这对于保证司法机关公正办案是重大促进。

中国政法大学副校长马怀德认为：《决定》在司法体制改革方面句句戳中要害。为了保证法院、检察院能够独立行使审判权检察权，《决定》中专门提及推动省以下地方法院、检察院人、财、物统一管理，探索建立与行政区划适当分离的司法管辖制度。这是司法领域在管理体制上的重大变革。

湘潭大学法学院副教授、刑法学博士张永红认为：《决定》从司法管理体制和司法人员管理制度改革完善的角度出发，对于我国司法权独立公正行使的保障做出了指导性的规定。“统一管理”最重要的意义在于：使省级以下地方法院和检察院尽可能摆脱地方党政的不当干扰，更好地实现司法，确保司法公正。

【评选观点】

习近平在关于《中共中央关于全面深化改革若干重大问题的决定》的说明中指出，司法改革是这次全面深化改革的重点之一。全会决定提出了一系列改革举措，对确保司法机关依法独立行使审判权和检察权、健全权责明晰的司法权力运行机制、提高司法透明度和公信力、更好保障人权都具有重要意义。

《决定》明确提出要推进司法领域里的人、财、物统一管理。司法体制改革进行了15年，解决司法的地方化问题第一次迈出了实质性的一步。

《决定》明确要求，“改革司法管理体制，推动省以下地方法院、检察院人财物统一管理，探索建立与行政区划适当分离的司法管辖制度，保证国家法律统一正确实施”。

这表明党中央下了大力气解决司法体制问题，更加重视改革的顶层设计。长期以来，我国司法设置和行政区划设置高度重合，法院、检察院人财物高度依赖地方，使得案件的公诉和审理容易受到地方干扰，影响案件公正审理。

建立与行政区划适当分离的司法管辖制度，政府的手“鞭长莫及”了，就会倒逼政府依法行政、依法办事。《决定》这部分内容，意在克服“司法地方化”倾向，是落实我国宪法关于“人民法院、人民检察院依照法律规定独立行使审判权、检察权，不受行政机关、社会团体和个人的干涉”的重要举措。地方法院、检察院的人财物不依赖地方，必将有利于保证司法机关公正办案，有助于从根本上保障司法机关独立公正地行使司法权。

《决定》提出的推动省以下地方法院、检察院人、财、物统一管理，是对司法机关独立公正行使司法权的有力推进，在我国司法改革的历史上具有里程碑的意义和价值。

三、中央巡视组“重拳打虎”多名省部级高官落马

【关键词】

“老虎”“苍蝇”一起打　党风廉政建设　反腐败　中央巡视组

【新闻简介】

2013 年 1 月 22 日，习近平总书记在十八届中央纪委第二次全体会议上讲话强调。“要坚持‘老虎’、‘苍蝇’一起打，既坚决查处领导干部违纪违法案件，又切实解决发生在群众身边的不正之风和腐败问题。要坚持党纪国法面前没有例外，不管涉及谁，都要一查到底，决不姑息。”

2013 年 5 月，中央向江西、湖北、内蒙古、贵州、重庆等地派出了 10 个巡视组。10 月开始，中央巡视组进行第二轮巡视，分别对山西、吉林、安徽、湖南、广东等开展巡视。在中央强调反腐要“‘老虎’、‘苍蝇’一起打”的背景下，以主要发现省部级领导干部腐败问题为目标的中央巡视组备受各方关注。

各巡视组在巡视中聚焦党风廉政建设和反腐败工作，把发现问题、形成震慑作为主要任务，发现了一批突出问题和一些领导干部的问题线索，成效明显。贵州省委原常委、遵义市委原书记廖少华，湖北省原副省长郭有明，湖北省政协原副主席陈柏槐，江西省人大原副主任陈安众，湖南省政协原副主席童名谦，公安部党委副书记、副部长李东生，政协第十二届全国委员会经济委员会副主任杨刚，四川省政协主席李崇禧等多名严重违法违纪的省部级高官相继被查处。

【各方评价】

清华大学廉政与治理研究中心主任程文浩认为：习总书记提出“有腐必反、有贪必肃”，显示了党和国家对腐败行为的“零容忍”以及彻底清除腐败的决心。对于国家下一步的反腐治本之策，人民群众拭目以待。

北京大学廉政建设研究中心副主任庄德水认为：巡视工作已成为党内监督体系中最具权威性、动态化的监督方式。巡视工作虽然不直接处理具体的腐败问题，但却可以广泛地收集违纪违法线索，所发挥的基础性作用是其他纪检监察工作不能代替的，为中央廉政决策提供了重要参考。

国家行政学院教授李拓认为：大规模的巡视是新一届领导集体对腐败采取高压和威慑的开始，仅仅是开始。中央巡视组的派出应经常化、制度化。

中央党校党建教研部教授、博士生导师张希贤认为：中央巡视组“下沉一级”，旨在盯住省部、地厅两级班子，体现了中国反腐倡廉进一步科学化。

【评选观点】

十八届中央纪委第二次全体会议是党的“十八大”后，新一届中央纪委召开的第一次研究部署党风廉政建设和反腐败工作的会议。在习近平总书记的讲话和全会发表的公报中，透露出新一届中央领导集体和中央纪委推进廉洁政治建设的新思路、新举措和新信号。习近平总书记的讲话彰显了中央反腐败的决心和信心，表明新一届党中央认识到腐败的严重危害，同时也认识到反腐败的严峻形势。“有腐必反、有贪必肃”“从严治党，惩治这一手决不能放松。要坚持‘老虎’、‘苍蝇’一起打”“要坚持党纪国法面前没有例外”，这些论述、提法掷地有声，在新的历史条件下，这是对广大人民群众积极参与反腐败斗争的巨大鼓舞。

在中央强调反腐要“‘老虎’、‘苍蝇’一起打”的背景下，中央巡视组启动。在总体战略定位上，中央巡视组彰显了中央惩贪肃纪的决心、胆略和诚意。把权力关进制度的笼子，首先制度要管用，笼子要结实。巡视制度就是制度铁笼的一个支柱。巡视是党章赋予党内机构的一个重要职责，也是治党执政、从严治党的重要手段，是党内监督非常重要的一个组成力量。

2013 年，多名大小官员落马，“寻虎打蝇”取得了显著成效，进一步增强了民众对于反腐工作的信心，赢得了民众对继续深化改革的认可与支持。此举也让我们认识到，只有不断健全权力运行制约和监督体系，自觉接受社会监督，才能铲除腐败行为赖以生存的土壤，让腐败分子无处藏身；只有不断完善反腐倡廉制度体系，切实提高制度执行力，充分保障制度有效性，腐败现象才能够得到有效遏制。

四、高检院五年反贪报告引起中外关注

【关键词】

反贪报告　五年检察工作

【新闻简介】

2013 年 10 月 22 日，最高人民检察院检察长曹建明向十二届全国人大常委会第五次会议作了《最高人民检察院关于检察机关反贪

污贿赂工作情况的报告》。

曹建明在报告中说，2008 年以来，检察机关认真贯彻党的“十七大”“十八大”关于反腐败斗争的决策部署，坚持反腐败领导体制和工作机制，不断加强和改进反贪污贿赂工作，为促进反腐倡廉建设、推动科学发展、保障群众权益、维护和谐稳定发挥了积极作用。截至2013 年 8 月，共立案侦查贪污贿赂犯罪案件 151 350 件 198 781人，提起公诉 167 514人。人民法院判决有罪 148 931人，占已审结案件的 99.9% 。通过办案为国家和集体挽回经济损失 377 亿元。立案侦查县处级以上国家工作人员 13 368人，其中厅局级 1 029人、省部级以上 32 人。

在报告今后反贪污贿赂工作打算时，曹建明表示，当前腐败现象依然多发，滋生腐败的土壤依然存在，反腐败斗争形势依然严峻复杂。检察机关将认真贯彻党中央关于反腐倡廉建设的重大部署，充分认识当前反腐败斗争的长期性、复杂性、艰巨性，以更鲜明的态度、更坚定的决心、更有力的措施，全面履行查办和预防贪污贿赂犯罪职责，不辜负党和人民的期待与重托。

【各方观点】

《环球时报》发表文章“最高检反腐报告聚焦世界目光 表明中国反腐成绩”引用专家评论认为：由最高检向全国人大常委会作反腐工作报告是在现行政治框架内做出的制度性突破，最好形成每年一次的制度性“动作”，这也为中国掀起反腐高潮发出一个强烈信号。其蕴含的意义是中国建立更明确的制度反腐和司法机关介入反腐工作的脚步在进一步加快，一个很明显的趋势是政府要用正规的国家力量来解决腐败问题，而最高人民检察院作为中国最高检察机关将担负越来越多的责任。中国的反腐已经从治标入手解决治本的问题。

《南方都市报》刊发社论“反贪腐更应寄希望于‘制度的胜利’”指出：报告释放出积极的信号，将作为高层重视反腐的一种姿态展示。考虑到今年“两会”以来各地刮起反腐风暴，不乏高级别的腐败官员纷纷落马，反腐取得不凡的成绩。最高检在此节点向人大作反贪专题报告，似有意强化反腐决心。当前的一个共识是，应建立“不敢腐的惩戒机制、不能腐的防范机制、不易腐的保障机制”。和24年前相比，今天中国社会的腐败行为呈现出明显的结构性、制度化特征。

《现代快报》刊发评论员文章“期待最高检的‘反贪报告’常态化”认为：最高检和最高法由人民代表大会选举产生，向人大报告工作，接受人大监督，是宪法规定的体现。实际上，每年全国两会，最高检向全国人大所作的工作报告，均会涉及反贪。但在工作报告中提及与专门报告反贪有所不同。专项报告反贪工作，更有针对性，既体现更高规格，也反映当前反贪形势，展示最大反腐决心。可以说，“年度报告提及”不如专门报告一次更有力度。

北京大学政府管理学院教授李成言认为：最高检向人大作反腐工作专题报告体现了中央领导人对反腐败的高度重视。具有很强的政治影响力，是中国反腐败工作一次突破性进步，此举有望常态化、规范化、制度化，从而推动反腐败的法制化。此举并将提升人大对反腐败等其他系列工作发挥监督作用。

【评选观点】

1989年10月25日，时任最高人民检察院检察长刘复之向全国人大常委会作《关于检察机关开展反贪污、贿赂斗争情况的报告》。时隔24年之后，最高检再次就反贪污贿赂工作向全国人大进行报告，充分说明反腐工作如今在国家治理中的重要地位。从最高检披露的数据来看，近几年的反腐工作成效显著，尤其是32名“老虎”级贪腐官员被依法查处，更彰显了中央铁腕治腐的决心。

全国人大常委会安排听取“反贪污贿赂”的专项报告，被认为是中国最高权力机关对反贪污贿赂工作的高度重视。反贪报告全面客观反映工作情况，总结五年多来检察机关反贪工作总体情况的基础上，着重介绍了检察机关查办大案要案、服务经济社会发展、保障民生、加强贪污贿赂犯罪预防等重点工作，注意回应人民群众关切。值得注意的是，与过去的例行报告不同的是，该报告更富有针对性，其中就包括强调查办大案要案。梳理近来的一些反腐案例，譬如李某某、衣某某、刘某某、蒋某某、季某某等高官相继落马。“十八大”报告反腐工作内容中提到“不管涉及什么人，不论权力大小、职位高低，只要触犯党纪国法，都要严惩不贷”。此后国家领导人对反腐工作提出“坚持‘老虎’‘苍蝇’一起打”的要求。此次报告可谓延续了上述反腐精神。

有评论指出，最高检专题报告反贪工作意味着最高检的这项职能将会得到更大强化，司法机关正在走向反腐败的舞台中央。在反腐工作越来越法治化的未来，检察机关在反贪工作中的作为和地位也将越来越凸显出来。

五、劳教制度施行50余年终被废止

【关键词】

劳动教养　制度废止

【新闻简介】

2013年12月28日，第十二届全国人大常委会第六次会议通过

关于废止有关劳动教养法律规定的决定，自公布之日起施行。

劳动教养制度自1957年开始实行，至今已延续半个多世纪。废除劳教经历了一个漫长的过程。先是20世纪90年代后期学术界开始讨论。2003年广州发生孙某某事件，劳教制度的弊病被社会广为关注。2012年开始，重庆的任某某案、湖南的唐某案等极端个案，令民间废除劳教的呼声日高。2013年初全国政法工作电视电话会议上，中共中央政法委书记孟建柱透露“将停止使用劳教制度”。废止劳教制度的步伐在2013年间加快，年末终于宣告正式废止。

根据决定，在劳动教养制度废止前，依法作出的劳动教养决定有效；劳动教养制度废止后，对正在被依法执行劳动教养的人员，解除劳动教养，剩余期限不再执行。

【各方观点】

新华社发表文章“为什么要废止劳动教养制度”指出：随着近年来我国经济社会的快速发展，随着我国依法治国进程的不断加快，经过各方面坚持不懈的共同努力，我国法律制度进一步完备，处理违法犯罪的法律不断完善、有机衔接，劳动教养的功能逐步被相关法律制度所替代，劳动教养的适用逐年减少乃至基本停用，废止劳动教养制度的社会共识已逐渐形成，时机日益成熟。总体而言，提出废止劳动教养制度，是贯彻依法治国方略的必然要求，是强化以法治思维和法治方式管理社会的重要体现，是社会发展进步的必然选择，既必要又可行。

中国人民大学法学院教授莫于川指出：2004年“国家尊重和保障人权”入宪，2013初实施的修改后刑事诉讼法也增加了保障人权的宣示性条款，可见落实宪法精神、强调以人为本是大势所趋。如今《决定》提出废止劳教制度可谓正当其时，将是我国完善人权司法保障制度的重大进步。

中国人民大学法学院陈卫东教授认为：劳教制度有三大弊端。首先，按照劳教制度，被劳教的人没有经过合格的法庭、经由正当的程序做出公正的判决即被剥夺人身自由，这是有违公约精神和原则的；其次，劳教的权力集中于公安机关，缺乏必要的制衡机制，劳动教养管理委员会形同虚设；再次，劳教的严厉程度也与其作为行政处罚的性质不相匹配。劳教属于一种行政权决定的行政处罚，但剥夺人身自由可以多达4年，而刑法的有期徒刑最短只有6个月。其严厉程度与刑罚相当，甚至比短期徒刑、拘役、管制更加严厉。

中国社会科学院法学所研究员、刑法室主任刘仁文表示：劳教根源在于强调秩序而忽略自由，强调安全而忽略人权，强调效率而忽略制约。从新的刑事诉讼法对强制医疗程序的司法化可以看出，我国对各种大劳教措施的司法化改造是未来法治发展的必然趋势。

【评选观点】

党的十八届三中全会在推进法治中国建设方面提出了诸多明确措施，其中，废止劳动教养制度广受社会关注和好评。从劳教制度废止这简短的字里行间，人们看到的是中国法治向完善人权保障迈出了重要一步。

劳动教养制度是中华人民共和国从苏联引进，但形成世界上中国独有的制度，是依据国务院劳动教养相关法规的一种行政处罚，公安机关无须经法庭审讯定罪，即可对疑犯投入劳教场所实行最高期限为四年的限制人身自由、强迫劳动、思想教育等措施。

随着治安管理处罚法等法律的施行和刑法的不断完善以及相关法律的有机衔接，劳动教养制度的作用逐渐被取代，劳动教养措施的使用逐年减少，启动法律程序废止劳动教养制度的时机已经成熟。与历史上相比，当前劳教人数已经大幅下降，这也为废止劳教创造了条件。“上访妈妈”唐某案、大学生村干部任某某案、“方竹笋”方某案件都因劳教而广受关注，社会公众对于废除劳教制度的呼声越来越高。

2013 年 1 月召开的全国政法工作会议明确提出，2013 年政法工作的重点是推进“四项改革”，其中包括劳教制度改革。十八届三中全会的《决定》明确了劳动教养制度是彻底废止。

劳教制度虽然在历史上发挥过积极作用，但近年来饱受诟病，在执行过程中出现了对象扩大化、容易被地方执法机关滥用、侵犯人权等一系列问题，最严重的就是未经法院审判就长时间剥夺一个人的人身自由。因此，无论是从保障人权的必要性还是从建设法治中国的高度来看，都有必要废止劳动教养制度。废止劳教制度体现了中央推进法制建设的决心和力度，顺应民意废止劳教制度，回应了民众期待。

六、政法机关集体发声纠正防范冤假错案

【关键词】

纠正防范冤假错案　政法机关　中央政法委

【新闻简介】

2013 年 3 月 26 日，浙江省高级法院依法对张某、张某某强奸再审案公开宣判，撤销原审判决，宣告张某、张某某无罪。张氏叔侄冤案平反，把纠正和防止冤假错案再一次推向舆论的风口浪尖，引起政法系统深刻反思，助推纠防冤假错案机制得以进一步健全和完善。

2013 年 6 月，公安部下发《关于进一步加强和改进刑事执法办案工作切实防止发生冤假错案的通知》，要求各级公安机关健全完善执法制度和办案标准，从源头上有效防止冤假错案发生。

2013 年 9 月，中央政法委出台关于切实防止冤假错案的指导意见，针对执法司法中存在的突出问题，根据现行有关法律规定，对审判环节疑罪从无原则、证据裁判原则、严格证明标准、保障辩护律师辩护权利等作了重申性规定，并就法官、检察官、人民警察对办案质量终身负责提出明确要求。这是中央政法委出台的首个防止冤假错案指导意见。

为落实中央政法委防止冤假错案的规定，最高人民检察院随后下发《关于切实履行检察职能防止和纠正冤假错案的若干意见》，对严格规范办案程序、严格把好审查逮捕和审查起诉关、坚决依法纠正刑事执法司法活动中的突出问题等提出明确要求。最高人民法院发布《关于建立健全防范刑事冤假错案工作机制的意见》，要求各级法院严格执行法定证明标准，强化证据审查机制；切实遵守法定诉讼程序，强化案件审理机制。

【各方评价】

中国政法大学副校长马怀德认为：冤案错案的频繁出现提醒我们，司法正义比事后纠偏更重要。中央政法委出台关于切实防止冤假错案的指导意见，可以看做是对因冤案、错案引发的公众呼声的回应。

浙江省委常委、省公安厅厅长刘力伟说：现在有人将杭州两起错案归咎于“命案必破”理念。对“命案必破”理念，我们要全面正确理解，不能误读误解。“命案必破”表明的是我们对待命案的态度和侦破命案的决心。杭州这两起错案，暴露出当时的办案单位在案件质量内控机制方面是不完善的。这些问题有的已经解决，有的至今仍然存在，要抓紧时间解决。

《南方日报》发表评论认为：单纯追求破案率难免导致冤假错案。如果公安机关的侦查权使用不当甚至被滥用，就有可能导致冤假错案发生。毫无疑问，法院是司法公正的最后一道防线，但司法公正并非某个单一环节与某个部门所能保障的。只有公安机关、检察机关、法院在各自职责范围内反思制度缺陷，才能最大可能地保证司法公正的实现。去年年底，国务院新闻办公室发表的《中国的司法改革》白皮书表示，中国司法改革将抓住容易发生执法问题的薄弱环节，加强权力运行的监督制约。这为防止冤假错案提供了制度保障。近期，最高法、最高检、公安部频频通过各种形式，重申防止和纠正冤假错案的决心，并要求各级战线有效防止冤假错案发生，切实维护人民群众合法权益。可以预见，在政法机关集体发声之后，对于冤假错案纠正的力度必将达到一个前所未有的高度。

【评选观点】

2013 年，张氏叔侄强奸案等数起冤假错案相继被曝光，给司法公信力带来不小损害。前事不忘，后事之师。政法机关集体发声主动纠正冤假错案，坚守法律底线，防范和纠正冤假错案底线。各级政法机关积极转变思想、建立完善机制，进一步加强和改进执法办案工作，尽一切努力防范冤假错案的发生。

社会分析人士认为，我国具备完善的法律体系，但法律能否得到有效执行，司法人员综合素质至关重要。张氏叔侄冤案给司法机关有效执行法律敲响警钟，司法机关要严格执行中央政法委关于切实防止冤假错案的指导意见，采取有效措施，有针对性地解决司法体制和司法实践中存在的问题，切实做到严格执法公正司法，让民众对国家法治建设树立信心。

在明确责任终身追究的同时，各地政法机关也在积极推进政法干警法治教育，促其充分认识冤假错案的严重危害性，端正执法司法为民思想，强化依法办案意识。

七、微博直播庭审开启司法公开新时代

【关键词】

微博直播　司法公开

【新闻简介】

“济南市人民检察院提起公诉的被告人薄某某受贿、贪污、滥用职权犯罪一案，将于今日上午 8 点 30 分在济南市中级人民法院第五审判庭公开开庭审理。”这条发布于 2013 年 8 月 22 日 8 时 09 分的

微博开启了举世瞩目的薄某某案庭审直播大幕。

整整四天，“@济南中院”用153条微博（图文）公开发布薄案庭审全程。其间，近乎完整的法庭审判程序被以微博的形式公之于众，近60条庭审记录（长微博）详实呈现了控辩交锋过程。有外媒因此评价认为，其开放程度开创了内地司法审判的先河。

时隔一月，9月22日上午，济南市中级人民法院再次通过官方微博翔实宣告了薄某某案的一审判决情况。仅宣判当日的微博转发量就近20万，评论总计5 000余条。10月25日，薄某某案上诉请求被驳回，“@济南中院”也在第一时间发布了山东省高级法院的裁定书。

之后，“北京街头摔婴案”“南京女童饿死案”“李某某强奸案”等一系列社会热点案件的庭审细节也以微博直播方式公开。据统计，全国33个省份中，有超过一半地区开展过微博直播庭审活动。较为典型的地区包括山东、北京、广东、河北、湖南、江苏、湖北、云南、海南等地。历经多年的实践，微博直播庭审进一步打开了司法公开之窗，但距“理想化”的状态还存有一段距离。

最高法10月29日公布《关于切实践行司法为民大力加强公正司法不断提高司法公信力的若干意见》，其中提出，各级法院将通过微博、微信等公众易于接受的信息传播方式，对社会广泛关注的案件和普遍关心的纠纷，主动、及时、全面、客观地公开相关情况，有针对性地回应社会公众的关切和疑惑。

【各方评价】

西南政法大学教授高一飞认为：无论从制度还是实践，中国的庭审直播可以说走在世界前头，但就司法公开整体而言，仍处于起步阶段。在法治较为成熟的国家，庭审直播即便有所收缩，也不会严重影响民众对司法的知情权。可以期许并预见的是，微博所积蓄的巨大能量，将会促使中国司法公开的推进。

最高人民法院司法改革领导小组办公室主任贺小荣认为：随着互联网的出现和信息传播的大众化，法庭由现实世界的“剧场”走向了虚拟世界的“广场”，民众对审判过程和裁判结果的关注一再升温，司法神秘化的空间急剧缩小。微博直播庭审，改变了传统意义上司法公开的内涵。

中国人民大学教授陈卫东说：坚持重事实、讲证据，以群众信服的内容和方式及时回应社会关切。微博直播的方式将法庭内的情况真实播报，同时又对诉讼双方冗余的表达进行整理，将庭审的脉络清晰呈现，这样的做法既积极又稳妥，赢得一致好评。

中国政法大学教授洪道德评论说：据我所知，微博直播庭审是我国的首创。在英、美等国家，新闻媒体可以旁听相关案件，但是不允许拍照摄像，报道时只能通过文字配插图的形式。之所以如此，是因为传统的拍照及电视台直播可能会分散法官的注意力，干扰审判。随着现代技术的发展，该禁止性规定的必要性已经不大。通过微博直播，能够克服时空限制，很好地实现审判公开的要求。当然，微博直播也要注意技巧，例如在某些暴力犯罪案件中，对证据的直播可以进行技术性处理，只直播相关文字记录即可。

【评选观点】

庭审微博直播是司法公开的一种有效载体，是司法公开的手段创新，满足了人民群众对司法审判的知情权。微博直播庭审使群众能够第一时间了解案件审理过程，彰显了社会公平与公正，也起到了一定普法教育意义。既保障了公众的司法知情权、参与权和监督权，又通过虚拟网络的隔离保障了庭审的有序进行，是近年来司法机关借助新媒体推行司法公开、塑造司法公信的里程碑式的事件。早在2010年就有法院进行微博庭审直播的探索，但薄某某案的审理，无疑使这种司法公开形式被公众广泛接受和认可，并迅速制度化。

相比于传统的新闻信息发布方式，微博直播类似地方法院的“自媒体”，相对便利。微博直播方式更为方便、直接、简洁，传播范围广、互动性强、社会影响力大，这也对探索司法公开路径与方式、促进阳光司法起到了较好的示范作用。

除法院外，许多政法机关也广泛运用新媒体及现代科技手段，拓展司法公开、服务群众、提升公信的渠道。最高人民检察院实现当事人通过网络实时查询举报、控告、申诉的受理、流转和办案流程信息。公安部明确提出建立互联网执法公开平台，全面公开执法信息。

一些业内人士认为，庭审直播涉及司法机关的独立审判权，关乎当事人合法权益的保护，又事关公众的知情权以及对司法机关的监督权。因此，在制度设计方面，要在司法公开原则的基础上，明确庭审直播案件的范围、审核程序及技术规范，使庭审直播工作在公开、有度、有序的状态下进行。

八、打击网络“大谣”净化网络环境

【关键词】

“大 V”　“大谣”　网络环境　司法解释

【新闻简介】

2013 年 8 月 23 日，网络“大 V”薛某某因涉嫌嫖娼被警方依法行政拘留。警方初步查明，薛某某还涉嫌聚众淫乱。8 月 29 日，央视《新闻联播》报道了薛某某涉嫌聚众淫乱的新闻。9 月 2 日，薛某某由行政拘留转为刑事拘留。

此前的 8 月 19 日，网络名人秦某某、“立二拆四”被警方抓获，二人在互联网上蓄意制造传播谣言、恶意侵害他人名誉、非法攫取经济利益。通过二人供述，网络“大谣”们以谣博名、以谣牟利的灰色网络利益链暴露在阳光之下。

面对严峻的网络传播形势，在 2013 年 8 月召开的中国互联网大会上，与会各方发出坚守营造健康向上的网络环境的倡议，号召互联网从业人员、网络名人和广大网民坚守法律法规底线、社会主义制度底线、国家利益底线、公民合法权益底线、社会公共秩序底线、道德风尚底线和信息真实性底线。

2013年9月9日，“两高”发布《关于办理利用信息网络实施诽谤等刑事案件适用法律若干问题的解释》（以下简称《解释》）。通过厘清信息网络发表言论的法律边界，为惩治利用网络实施诽谤等犯罪提供了明确的法律标尺，从而规范网络秩序、保护人民群众合法权益。《解释》已于2013年9月10日起施行。

【各方评价】

新闻评论员张玉胜评价：微博大V在享有众多粉丝簇拥、话语分贝攀升的风光与荣耀的同时，也意味着责任与使命的相应加码。防止大V变“大谣”，首先应保持自己的头脑清醒，谨防利欲熏心，功利障目，而清醒剂就是达成共识的“七条底线”。防止大V变“大谣”，网民也要当好理智监督人。对大V言论，不迷信，不盲从，多甄别，不跟风，切忌人云亦云，随波逐流，只要网民都用“七条底线”规范行为，不法大V也就会失去蛊惑力。

SOHO中国董事长潘石屹说：“我觉得作为大V，粉丝量比较高的人，应该更严格地要求自己。更加有纪律性，不能特别的随意。”

清华大学法学院教授周光权认为：“两高”根据利用网络实施的相关犯罪的发展态势，及时出台《解释》，为准确、严厉打击相关网络犯罪提供了具体、明确的法律标尺。这一司法解释清楚地表明网络空间虽是公共意见的表达场所，但在该场所的所有言论都必须受法律约束，正如在现实社会中没有绝对自由一样，在网络空间也只有相对的自由，网络不是法外之地。

【评选观点】

互联网时代，话语权意味着社会责任，关注度意味着社会公信。因此，大V更应履行社会责任，珍惜社会声誉，传播真信息，发出“好声音”，用好手中的话语权，不辜负网民的信任。

近年来，网络谣言层出不穷，影响着网络乃至现实社会秩序。其间，有的大V为了博眼球、赚人气，利用一些网民法律意识淡薄和不良社会心态，不问事实真相，信手转发、评论，在谣言传播扩散过程中起到极大的暗示作用，直接造成谣言的裂变式传播。有的大V甚至自己也无视法律法规和道德规范，故意造谣传谣。相比普通网民，网络名人粉丝成堆、拥趸甚众，话语分贝更高、话语权更大。大V的话语不仅能鼓动人，而且还能左右人的思想。因此，大V们要树立底线意识、底线思维，爱惜自己的话语权，遵循诚实守信的原则，发布真实可信的信息和积极理性的建设性观点，为追随者树立坐标和方向。

针对谣言网络传播的特点和社会危害性，《解释》从网络谣言的制造、发布和传播等各个环节对其进行规制，并科以相应的刑罚惩罚，让谣言止于法律，最大限度保护人们的网络表达权、知情权、名誉权等相应的合法权利。

《解释》的出台，有助于准确定罪量刑，有助于净化网络环境，积极回应社会关切，维护人民群众切身利益，维护社会公共秩序。

九、彻查“衡阳破坏选举案”彰显反腐决心

【关键词】

人民代表大会制度　拉票贿选

【新闻简介】

2013年12月，中共湖南省委通报了衡阳破坏选举案的调查处理情况。

2012年12月28日至2013年1月3日，衡阳市召开第十四届人民代表大会第一次会议。会议期间，部分候选人为当选省人大代表

送钱拉票，造成对代表选举工作的严重破坏。从 2013 年 2 月开始，就有群众陆续向中央有关部门、省委及相关部门举报。省委随即要求省纪委调查，成立了由省委主要领导任组长的衡阳破坏选举案调查处理工作领导小组，省纪委成立了专案组。

6 月中旬，专案组赴衡阳市开展全面调查，获取了大量书证、物证，基本查清了案件事实：衡阳破坏选举案共有 56 名当选的省人大代表存在送钱拉票的行为，涉案金额达 1.1 亿余元，有 518 名衡阳市人大代表和 68 名工作人员收受钱物。涉案钱物已退缴到位。

根据案件事实和情节，有关方面依法依纪作出决定：对 56 名送钱拉票当选的省人大代表依法确认并公告当选无效，对 5 名未送钱拉票但工作严重失职的省人大代表依法公告其代表资格终止；512 名收受钱物的衡阳市人大代表及 3 名未收受钱物但工作严重失职的市人大代表辞职，另有 6 名收受钱物的衡阳市人大代表此前因调离本行政区域终止代表资格；对涉案的党员和国家工作人员，依照《中国共产党纪律处分条例》和《行政机关公务员处分条例》进行党纪政纪立案调查；对涉嫌犯罪的，移送司法机关审查。

2004 年 1 月 25 日，记者从湖南省检察院获悉，湖南省检察机关已依法对衡阳市人大常委会原副主任左慧玲等 50 名犯罪嫌疑人分别以涉嫌玩忽职守罪、破坏选举罪立案侦查并采取相应强制措施。据了解，对其他涉案人员的调查还在进行中。

【各方评价】

中共湖南省委书记、省人大常委会主任徐守盛认为：衡阳破坏选举案是一起严重的以贿赂手段破坏选举的违纪违法案件。该案涉案人员多，涉案金额大，牵扯范围广，性质严重、影响恶劣、触目惊心，是对人民代表大会制度的挑战，是对社会主义民主政治的挑战，是对国家法律和党的纪律的挑战，触碰了社会主义制度底线和党的执政底线。

中华海外联谊会理事、香港侨界社团联会永远名誉会长屠海鸣说：湖南衡阳竟有人不惜重金，以贿赂手段谋取人大代表身份，引发人们两个疑问：行贿者到底是哪些人？他们意欲何为？调查显示，56名省人大代表中有32人是民营企业家，占了一半以上。依据笔者多年的观察和接触，一些民营企业家之所以急不可待“参政议政”，主要有两个目的。一是结交权贵，培植人脉，争夺话语权；二是获取一道“护身符”。因为人大代表在履职期间，司法机关无权对其采取强制措施的。

人大工作者朱恒顺认为：如果说，一件普通的行贿受贿行为，其污染的仅仅是水流，而人大代表换届选举过程中的行贿受贿行为，则是污染了水源，损害了制度大厦的根基。当然，这次贿选事件由官方主动处理并大规模地公布消息，湖南省纪委对涉案数百名党员和国家工作人员进行党纪政纪立案，彰显了党中央惩治选举腐败的决心。但是，这一事件留给我们去反思和处理的，还有很多很多。

【入选观点】

衡阳破坏选举案涉案人员多，涉案金额大，性质严重、影响恶劣。这起案件是对我国人民代表大会制度的挑战，是对社会主义民主政治的挑战，是对国家法律和党的纪律的挑战。

人民代表大会制度是符合我国国情，体现社会主义国家性质，保证人民当家做主的根本政治制度，是执政党在国家政权中充分发挥民主，贯彻群众路线的最佳实现形式。选举人大代表，是十分神圣的事情，它关系着国家政权建设，关系到党的领导和执政地位的巩固，关系到人民当家做主权力的实现，每届人大换届选举，必须保证选出的代表真正代表人民，对人民负责，忠实履行宪法和法律赋予的职责。

然而，一些人将如此神圣的事情视同游戏，自以为金钱万能，公然以钞票换选票，以金钱谋取政治权利，这是典型的权钱交易。从政治上看是对人民代表大会制度的玷污和挑战，严重损害党和国家的形象；从法纪上看，是对党的纪律和国家法律的粗暴践踏，是对社会主义民主和党内民主原则的直接破坏。

湖南省委接到群众举报后，立即成立了专案组，抽调精兵强将，在掌握大量证据的基础上，深刻认识到衡阳破坏选举案的严重性、危害性，不护短，不遮丑，决定给社会一个交代，给人民一个交代，表明坚决维护人民代表大会制度、坚决维护依法治国、坚决惩治腐败的鲜明态度和坚定决心。

衡阳破坏选举案的发生，是对法治建设成果的摧残，必须实行零容忍和依法严惩。湖南在这起案件的查处上，无论是程序还是追责，都在法治框架内进行，显示了法治建设的水平。

十、《新快报》事件重申新闻职业道德社会责任

【关键词】

舆论监督　新闻职业道德　媒体公信力　社会责任

【新闻简介】

2013 年 10 月 23 日、24 日出版的《新快报》连续两天的头版头条以“请放人”“再请放人”为题，呼吁长沙警方释放该报因涉嫌“损害商业信誉罪”被拘留的记者陈某某。事件相关舆情热度迅速发酵。

长沙警方指称，从 2012 年 9 月 26 日至 2013 年 8 月 8 日，《新快报》及其记者陈某某等人在未到中联重科进行实地调查和核实的情况下，捏造虚假事实，通过其媒体平台发表关于中联重科的负面文章共 18 篇，其中陈某某署名的文章 14 篇。对此，数位著名法律专家和律师表示长沙警方有乱抓人的嫌疑。中国记协也表示正密切关注陈某某被拘一事，并介入调查。

然而，10 月 26 日，陈某某在接受央视的采访时却承认受人指使发表不实报道并收受不法利益。10 月 27 日，《新快报》在报纸头版刊登道歉声明，承认新闻报道“把关不严”。10 月 30 日，长沙市岳麓区检察院对陈某某以涉嫌损害商业信誉罪批准逮捕。10 月 31 日，广东省新闻出版广电局作出查处决定，给予陈某某吊销新闻记者证的行政处罚。

11 月 1 日，羊城晚报报业集团宣布，免去《新快报》社长、总编辑李某某和副总编辑马某某职务。

【各方评价】

2013 年 10 月 27 日《光明日报》评价说：真实是新闻的本质属性，是媒体行业的生命线。作为新闻工作者来说，没有什么比真实来得更重要了。记者陈某某及所属的《新快报》，连续刊发不实报道，扰乱视听，严重违背了新闻真实性原则，严重损害了新闻媒体公信力，造成了极其恶劣的社会影响。有关部门应对这种新闻不端行为一究到底、严惩不贷。

财新传媒总编辑胡舒立认为：陈某某事件中暴露出的基于新闻报道权、记者监督权的权钱交易，已足以使人痛心疾首。无论愿与不愿，应当承认这是丑闻，其实不啻新闻界一次令亲者痛仇者快的自我戕害，受伤最深的是矢志公义、推动社会转型进步的新闻事业。新闻界同仁只有自律自省、直道而行，才有可能挽回这一信誉损失。

华南理工大学法学院院长徐松林认为：损害商业信誉罪，多是发生在恶性竞争对手身上。记者显然不是企业的竞争对手，这时候警方要抓人是要谨慎的。

时事评论员李曙明在《检察日报》发表评论《记者被拘案 慢说“乱抓人”》说：谁也不敢说“乱抓人”一定不存在，但在未掌握“乱抓人”证据之前，选择相信办案机关，应是法治社会中理性公民的选择。随着侦查深入、事实明晰，“放人”未必不会成为事实，但现在说“乱抓人”，却可能对正常办案造成不当干扰。

【评选观点】

《新快报》事件一波三折。事件刚开始时，众多媒体声音加入热议，要求有关方面厘清正常新闻报道、舆论监督与损害商业信誉的区别，维护新闻记者正当、合法的采访权益，保护正常的舆论监督。然而事件结果却令众人瞠目。事件的意外发展，恰恰说明了媒体在发声时，要强调职业道德和社会责任，不能把社会公器当做一己之利。

同时，陈某某在央视承认收受“费用”的供词令人震惊。陈某某事件已无可争议地成为新闻界丑闻。事件所暴露出的基于新闻报道权、记者监督权的权钱交易令人瞠目。媒体本为社会公器，倘缺乏自律与他律，媒体很可能在市场与权力之间“套利”。

如果放任这种新闻寻租行为蔓延发展，则无法期待中国新闻业的健康成长。《新快报》事件当成为可贵的反面教材。广大新闻工作者要以此事件为教训，深刻认识到有偿新闻和虚假新闻带来的严重危害，新闻战线要认真践行马克思主义新闻观，坚决杜绝有偿新闻、虚假报道，严厉打击新闻寻租，坚持新闻真实性，严肃新闻纪律，切实维护新闻工作者的良好形象。

《新快报》事件引起社会广泛关注，涉及舆论监督与司法公正、新闻职业道德与社会责任等诸多重大法治话题，极具影响性、代表性和示范性，对促进我国的法治建设特别是让社会理性、审慎地去思考和把握舆论监督、司法公正、司法独立、新闻报道、言论自由、媒体公信力等之间的关系，促进新闻行业的健康成长颇具助益。

【专家点评】刘桂明：十大新闻折射的十大关系

当 2013 年成为历史，当历史以十大新闻出现，当新闻被当成历史大草稿的时候，用我们回望的眼神与审视的目光去分析研究过去的一年给我们带来的中国十大法治新闻，我发现，与其说是十大新闻，还不如说是十大关系。

第一，上与下的关系。党的十八届三中全会将“法治中国”正式写入党中央文件，其深意就是为了营造法律至上的法治环境，从根本上树立起法治的极大权威，也从根本上改变了人们对法治与改革发展稳定关系的传统认识。这是自党的“十五大”以来，有关依法治国、建设社会主义法治国家的“综合版”和“升级版”。其中还第一次提出了“中央事权”的概念，其目的也是为了树立中央权威，发展和完善中央与地方关系的基础。可以说，“法治中国”的提出，标志着我国法治建设进入到一个全面深化改革的新阶段，意味着我国法治建设又一次极为重要的全面提速与极为深刻的转型升级。这个转型升级不仅要求全面推进科学立法、严格执法、公正司法、全民守法，更重要的是，要坚持依法治国、依法执政、依法行政共同推进，坚持法治国家、法治政府、法治社会一体建设。

第二，内与外的关系。全面深化司法改革提出“人财物统一管理”目标，确保依法独立公正行使审判权检察权。无论是推动省以下地方法院、检察院人财物统一管理还是建立符合职业特点的司法人员管理制度，尤其是健全法官、检察官、人民警察统一招录、有序交流、逐级遴选机制乃至完善司法人员分类管理制度，都是为了解决合议庭内外与法院内外的关系，最终目的还是为了优化司法职权配置，健全司法权力分工负责、互相配合、互相制约机制，加强和规范对司法活动的法律监督和社会监督，从而保证国家法律统一正确实施。其中特别要求改革审判委员会制度，完善主审法官、合议庭办案责任制，实现让审理者裁判、由裁判者负责的目标。

同样，通过大力推进审判公开、检务公开，录制并保留全程庭审资料，增强法律文书说理性，推动公开法院生效裁判文书，严格规范减刑、假释、保外就医程序等一系列制度建设，既是为了强化内部管理，更是为了强化外部监督。为了打通内外良性循环渠道，还必须广泛实行人民陪审员、人民监督员制度，以拓宽人民群众有序参与到司法活动中来。

可以说，《决定》这部分内容，其意在克服“司法地方化”的倾向，也是为了落实我国宪法关于“人民法院、人民检察院依照法律规定独立行使审判权、检察权，不受行政机关、社会团体和个人的干涉”的重要举措。地方法院、检察院内部的人财物不依赖外在的地方机关，必将有利于保证司法机关公正办案，有助于从根本上保障司法机关独立公正地行使司法权。

第三，大与小的关系。中央巡视组“重拳打虎”多名省部级高官落马。2013年，多名大小官员落马，“寻虎打蝇”取得了显著成效，进一步增强了民众对于反腐工作的信心，赢得了民众对继续深化改革的认可与支持。抓大不放小，治标更治本，“老虎”“苍蝇”一起打，既要坚决查处领导干部违纪违法案件，又要切实解决发生在群众身边的不正之风和腐败问题；既要敢于碰硬抓老虎，又要善于寻机捕苍蝇。在党纪国法面前没有任何例外，不管涉及到谁，都要一查到底，决不姑息。

第四，长与短的关系。相比每年在全国两会上最高检向全国人大所作的工作报告，2013年高检院的五年反贪报告更加引起了中外媒体的关注。由此可见，反腐反贪工作绝不是短暂的一次性的工作，而是长期性、复杂性、艰巨性的工作。所以，最高检向人大作反腐工作专题报告，不仅体现了中央领导人对反腐败的高度重视，也标志着中国反腐败工作开始进入常态化、规范化、制度化的轨道。同时，最高检专题报告反贪工作意味着最高检的这项职能将会得到更大强化，司法机关正在走向反腐败的舞台中央。可以预计，在反腐工作越来越法治化的未来，检察机关在反贪工作中的作为和地位也将越来越凸显出来。

第五，破与立的关系。尽管劳教制度在延续半个多世纪的历史中发挥过积极作用，但在其执行过程中暴露的侵犯人权问题，尤其是未经法院审判就长时间剥夺一个人的人身自由的现象，必然饱受非议与指责。不破不立，不废不兴，为了进一步树立保障人权的理念，进一步推进法治中国建设，都有必要废止劳动教养制度。劳教制度的废止，体现了中央对人权保障的重视，对民众期待的回应，更重要的是对推进法治中国建设的决心和力度。

第六，纠与防的关系。发端于2013年春天的张氏叔侄冤案平反，标志着如何纠正和防止冤假错案开始引起政法系统的高度重视及深刻反思，从而助推冤假错案的纠防机制得以进一步健全和完善。进入下半年，中央政法委、最高法、最高检、公安部频频通过各种形式，重申防止和纠正冤假错案的决心，并要求各级战线有效防止冤假错案发生，切实维护人民群众合法权益。类似的由政法机关集体发声主动纠正冤假错案，要求坚守法律底线，防范和纠正冤假错案底线，多年来还是第一次出现。可以预见，在政法机关集体发声之后，对于冤假错案纠防的力度必将达到一个前所未有的高度。各级政法机关积极转变思想、建立完善机制，进一步加强和改进执法办案工作，从而尽一切努力防范冤假错案的发生。

第七，开与闭的关系。从“薄某某案”“刘某某案”到“北京街头摔婴案”“南京女童饿死案”“李某某强奸案”，从“@济南中院”到“@京法网事”乃至“@最高法院”，从中小城市到京沪等大城市，这一年，无论是社会热点案件还是专业庭审细节，都以微博直播的方式将司法公开推到了世人的面前。微博直播庭审不仅新颖快捷方便，从而使群众能够第一时间了解案件审理过程，更重要的是彰显了社会公平与公正，有效地起到了一定的普法教育意义。

可以说，微博直播既保障了公众的司法知情权、参与权和监督权，又通过虚拟网络的隔离保障了庭审的有序进行，这是近年来司法机关借助新媒体推行司法公开、塑造司法公信的里程碑式的事件。从此，司法不再神秘化、封闭化。

第八，好与坏的关系。如果说“中国好声音”是电视艺术的一种提升与扩张，那么，2013 年打击网络“大谣”，净化网络环境，则是互联网时代的一种责任与使命。此举是为了让大 V 更应履行社会责任，珍惜社会声誉，传播真信息，以发出更多的“好声音”。无论是中国互联网大会上的倡议还是“两高”《关于办理利用信息网络实施诽谤等刑事案件适用法律若干问题的解释》的发布，都是为了最大限度保护人们的网络表达权、知情权、名誉权等相应的合法权利。同时一定要树立底线意识、底线思维，爱惜自己的话语权，用好手中的话语权，遵循诚实守信的原则，发布真实可信的信息和积极理性的建设性观点，为追随者树立坐标和方向，从而规范网络秩序、保护人民群众合法权益。

第九，美与丑的关系。选举人大代表，本是十分神圣的事情；当选人大代表，该是十分美好的事情。但是，有一些人将如此神圣的事情视同游戏，视如此美好的事情作为交易，公然以钞票换选票，以金钱谋取政治权利，这是典型的权钱交易，这是明显的美丑颠倒。从政治上看是对人民代表大会制度的玷污和挑战，严重损害党和国家的形象；从法纪上看，是对党的纪律和国家法律的粗暴践踏，是对社会主义民主和党内民主原则的直接破坏。可以说，衡阳破坏选举案的严重性、危害性，绝非一下子可以消除的。我们期待着依法追责乃至依法严惩的结果，我们更期望每个公民手中的一票真正落实、真正合法。

第十，真与假的关系。真实，既是新闻报道的信誉，更是新闻报道的生命。陈某某事件不仅成为新闻界2013年的最大丑闻，而且还将有偿新闻和虚假新闻带来的严重危害置于社会各界的风口浪尖。新闻界如何杜绝有偿新闻、虚假报道，严厉打击新闻寻租，坚持新闻真实性，严肃新闻纪律，切实维护新闻工作者的良好形象，已经成了新时期全体媒体人的重要思考题。究竟什么是正常新闻报道，怎样才是正常的舆论监督，媒体在发声时如何强调职业道德和履行社会责任，这是广大新闻工作者都必须回答的问题。新闻真假问题涉及舆论监督与司法公正、新闻职业道德与社会责任等诸多重大法治话题，极具影响性、代表性和示范性，对促进我国的法治建设特别是让社会理性、审慎地去思考和把握舆论监督、司法公正、司法独立、新闻报道、言论自由、媒体公信力等之间的关系，促进新闻行业的健康成长，都将大有裨益。

综上所述，十大新闻折射了十大关系，十大关系划出了十条杠杠，十条杠杠代表了我们未来努力的方向。

第四章　综合发展篇

第一节　2014 年中国法治发展的期待和展望

随着中国法治建设的不断深入，法治理念逐渐成为中国社会的共识。法治作为建设性的、增量性的选择，能够凝聚人心，是值得各界共同追求的一个目标。2014 年，中国的法治发展将更加全面化和彻底化。党的十八届三中全会通过的《中共中央关于全面深化改革若干重大问题的决定》（以下简称《决定》）明确提出要“坚持依法治国、依法执政、依法行政共同推进，坚持法治国家、法治政府、法治社会一体建设，不断开创依法治国新局面”。这一新论断、新要求集中体现了党中央坚持法治建设的信念和决心，也彰显了法治在保障、服务、促进经济、政治、社会、文化、生态文明五位一体建设和全面建成小康社会的重要性。

2013 年中国法治建设，在诸多方面取得了卓越成就。科学立法作为法治建设的基础，不仅为法治建设提供较为完善的法律体系，同时也是将法治贯彻到社会生活每一个环节的重要手段；严格执法作为法治建设的关键环节，是将法律实施落到实处的必要途径，也是法治政府建设的重要内容；公正司法作为法治建设的核心要求，是助推法治中国建设的核心动力，也是判断是否实现依法治国的标准之一。

尽管中国法治建设在2013年获得全面发展，但是，一系列问题也随之而来。在立法上，受地方利益、部门利益等因素的影响，部分行政法规、地方法规的制定与宪法、法律相抵触，宪法权威受到地方利益的干扰和破坏。在执法上，受长期以来“重实体、轻程序”思维观念的影响，执法程序仍需进一步规范。在司法上，司法体制中仍然存在司法国家性与司法地方化、司法开放性与司法封闭性、司法职业性与司法民主性、司法非行政性与司法行政化等矛盾，司法尚未实现真正独立，公正司法的进程受到阻碍。在法治理念上，受中国传统法治观的影响和束缚，中国对犯罪的惩处更多地讲究严刑峻法，而忽视对犯罪嫌疑人、被告人人权的保护；因此，虽然保障人权已作为一项基本原则写入法律，但是，其落实程度仍与理想状态存在较大差距。在公众对法治的认知上，法制宣传尚未完全普及，公众对法治的直接印象，很大程度上来源于舆论报道或者是网络消息，失实的信息容易造成公众对法治认识的偏差和误解。因此，2014年中国法治发展仍有很长一段路要走。

2014年中国法治建设始终坚持以邓小平理论、“三个代表”重要思想、科学发展观为指导，贯彻落实党的“十八大”精神，始终坚持党对法治中国建设事业的领导，不断开创法治国家建设和依法治国事业的新局面。立法层面，一方面，弘扬宪法精神，坚持宪法地位，维护社会主义法制统一；另一方面，加强科学立法，提高立法公众参与度，使社会公众及时、全面、准确了解立法信息，增强立法满意度；同时，还应建立科学的法治建设指标体系和考核标准，提高对中国法治现状建设成就和发展规律的认识的科学性和准确性。

执法层面，既要加强政府廉政法治建设，提升执法主体形象，为法治政府建设和法治中国的发展提供坚实保障；又要深化行政审批制度改革，规范执法程序，加快法治政府建设。司法层面，深化司法体制改革，实现司法独立，发挥司法在法治发展中的重要作用。法治理念层面，部署长远规划，完善人权保障制度。公众对法治的认知层面，首先要加大政府对法治的宣传力度，其次对网络信息、舆论报道的真实性应当实行合理规范和管理，以确保公众形成正确的法治认知。2014年中国法治的发展，将进一步以法治凝聚思想共识、理论共识和方案共识，坚持理论联系实际，坚持理想结合现实，坚持科学缜密的顶层设计和求实求效的基层实施并举，深入全面推进依法治国战略的实施。

一、坚持党的领导，开创法治国家建设新局面

2014年1月，习近平总书记在中央政法工作会议上提出，既要坚持党对政法工作的领导不动摇，又要加强和改善党对政法工作的领导，不断提高党领导政法工作能力和水平。要正确处理党的政策和国家法律的关系。党既领导人民制定宪法法律，也领导人民执行宪法法律，做到党领导立法、保证执法、带头守法。政法工作要自觉维护党的政策和国家法律的权威性，确保党的政策和国家法律得到统一正确实施。要正确处理坚持党的领导和确保司法机关依法独立公正行使职权的关系。各级党组织和领导干部要支持政法系统各单位依照宪法法律独立负责、协调一致开展工作。党委、政法委要明确职能定位，善于运用法治思维和法治方式领导政法工作，在推进国家治理体系和治理能力现代化中发挥重要作用。

第一，坚持党对法治中国建设事业的领导。“旗帜鲜明坚持党的

领导”可以从以下四个方面着手：一是努力实施好依法治国这个党领导人民治理国家的基本方略，切实做到严格执法和公正司法。二是既要坚持党对政法工作的领导不动摇，又要加强和改善党对政法工作的领导，不断提高党领导政法工作的能力和水平。三是党委政法委要明确职能定位，善于运用法治思维和法治方式领导政法工作，在推进国家治理体系和治理能力现代化中发挥重要作用。四是政法工作要自觉维护党的政策和国家法律的权威性，确保党的政策和国家法律得到统一正确实施。

第二，加强党对法治建设的重视、领导和支持。党的领导是人民民主和依法治国的根本保证。贯彻落实“十八大”精神，全面推进依法治国，加快建设社会主义法治国家，必须进一步加强党对法治建设的重视、领导和支持。党进一步高度重视依法治国和法治建设事业，应自觉坚持依宪执政、依法执政、依法行政和依法办事，切实把依法治国作为治国理政的基本治国方略来加以落实，切实在宪法和法律范围内活动。

第三，加强党自身的法治建设。在推进依法治国和依法执政的实践过程中，党的各级领导干部和所有公职人员要以身作则、率先垂范，党要领导立法，带头守法，保证执法；任何组织或者个人都不得有超越宪法和法律的特权，绝不允许以言代法、以权压法、徇私枉法。在中国特色社会主义法律体系已经形成，党坚持法治国家、法治政府、法治社会共同建设，坚持依法治国、依法执政和依法行政一体推进的新形势下，正确认识和处理党的政策与宪法法律的关系时，应当坚持宪法法律至上的原则，坚持法治思维和法治方式。

第四，在党的领导下，通过全面落实依法治国基本方略，积极稳妥地推进政治体制改革和法治发展。政治体制改革是我国全面改革的重要组成部分。必须继续积极稳妥推进政治体制改革，发展更加广泛、更加充分、更加健全的人民民主。必须坚持党的领导、人民当家作主、依法治国有机统一，以保证人民当家做主为根本，以增强党和国家活力、调动人民积极性为目标，扩大社会主义民主，加快建设社会主义法治国家，发展社会主义政治文明。注重改进党的领导方式和执政方式，保证党领导人民有效治理国家；更加注重健全民主制度、丰富民主形式，保证人民依法实行民主选举、民主决策、民主管理、民主监督；更加注重发挥法治在国家治理和社会管理中的重要作用，维护国家法制统一、尊严、权威，保证人民依法享有广泛权利和自由。要把制度建设摆在突出位置，充分发挥我国社会主义政治制度优越性，积极借鉴人类政治文明有益成果。

二、推进科学立法，完善社会主义法制体系

（一）坚持宪法地位，维护社会主义法制统一

“全面贯彻实施宪法是建设社会主义法治国家的首要任务和基础性工作。”习近平总书记在纪念现行宪法颁布实施30周年大会上对宪法实施在建设法治国家战略高度上的重要性作出了强调，并提到：“宪法与国家前途、人民命运息息相关。维护宪法权威，就是维护党和人民共同意志的权威。捍卫宪法尊严，就是捍卫党和人民共同意志的尊严。保证宪法实施，就是保证人民根本利益的实现。只要我们切实尊重和有效实施宪法，人民当家做主就有保证，党和国家事业就能顺利发展。我们要更加自觉地恪守宪法原则、弘扬宪法精神、履行宪法使命。”2014年是1954年宪法颁布60周年，这60周年对于2014年整个民主法治建设具有重要的历史背景性意义。在此背景下，宪法的遵守和实施应当得到进一步加强。宪法和法律的生命在

于实施。同时，应当始终坚持宪法根本大法的主体地位，地方立法时须充分体现法制统一的要求，处理好有所为与有所不为的关系，维护社会主义法制体系的一致性。2014 年中国法治的发展，弘扬宪法精神，履行宪法使命，坚持宪法地位，推进宪法实施工作，维护社会主义法制统一可以从以下层面来作为。

第一，明确宪法实施是建设法治国家的根本保证。宪法是一个国家的根本大法，是特定社会政治经济和思想文化条件综合作用的产物，它集中反映各种政治力量的实际对比关系规定国家的根本任务和根本制度。宪法的实施是国家稳定的保障。我国是人民当家做主的国家，宪法规定国家的“一切权力属于人民”，并规定了人民行使国家权力的方式和途径。只有实施宪法，才能充分实现人民的民主和自由权利，真正保证人民行使当家做主的权利。人民支持和拥护政府，从而使国家建立在人民这一坚实广泛的基础之上，国家才能有力量，才会有稳定。在自上而下的法治建设进程中，一切公权力行使的原则、规则和边界都应纳入法律的框架。在推进社会主义法治的三个一体化建设中，法治国家的建设是法治政府建设和法治社会建设的前提，也是法治建设的首要任务和成败之举。法治国家的建设，关键在于用法律约束和限制公权力。而为权力运行设置规则和边界，正是宪法制定和实施的目标之一。因此，政府严格依照宪法规定行使权力，使宪法的实施落到实处，实现法治政府的建设，从而最终实现法治中国、法治社会的目标。

第二，坚持依宪立法。在遵守宪法的前提下，进一步加强科学立法、民主立法，提高立法质量，有目标、有计划、有步骤地推进立法工作，确立国家发展中带有根本性、稳定性和长期性的一系列重要制度。同时督促有关方面及时制定配套法规，增强法律的可操作性，使法律确立的制度立得住、行得通、切实管用，进一步完善中国特色社会主义法律体系，为宪法有效实施打下更为扎实的基础，使国家经济建设、政治建设、文化建设、社会建设、生态文明建设的各个方面实现有法可依，为建设中国特色社会主义提供坚实的法制支撑。

第三，保障宪法有效实施。习总书记强调：“宪法的生命在于实施，宪法的权威也在于实施。我们要坚持不懈抓好宪法实施工作，把全面贯彻实施宪法提高到一个新水平。”根据加快建设社会主义法治国家的总体目标要求，把法治建设和依法治国的重点转向宪法和法律实施，使宪法和法律在我国改革开放和现代化建设中发挥更大的作用。首先，公民要牢固树立宪法意识，在工作、生活中自觉贯彻宪法的原则、精神和规定，依宪享有权利和履行义务，着力维护宪法的权威和尊严。其次，继续加强对领导干部的法制宣传教育，增强法治观念，提高法治意识，养成法治习惯，改进领导方式和执政方式，努力提高运用法治思维和法治方式深化改革、推动发展、化解矛盾、维护稳定能力，提高依宪治国、依宪执政的水平，不得有超越宪法和法律的特权，确保在宪法和法律范围内活动。最后，全国人大及其常委会应进一步健全和完善宪法解释的程序及其具体工作制度，对宪法实施中的问题作出必要的解释和说明，充分行使宪法解释权，通过宪法解释保证宪法的稳定性和适应性使宪法的规定更好地得到落实。

第四，推进宪法监督。首先，应加强和改进全国人大及其常委会对法律、法规等规范性文件的合宪性审查机制，改变当前的单向系统自循环监督机制。并且，根据宪法、立法法的规定，逐步实现违宪审查机制的全面启动，强化法规备案审查，使合法性与合宪性审查制度化、常态化。其次，加强各种社会力量对党委、政府部门、武装力量、社会团体、企业事业组织和全体公民的行为的合宪性监督，重点遏制党员、领导干部以言代法、以权压法、徇私枉法的不良现象，督促其在宪法的框架下正确行使权力，保障公民、法人和其他组织合法权益得到尊重和维护。最后，应结合我国国情，尽快启动建立中国特色的宪法监督体制机制的工作，尽可能使宪法监督的主体专门化、对象广泛化、活动程序化和法制化、违宪责任明晰化。通过建立统一、科学、高效的宪法监督体制机制，确保宪法得到全面正确实施。

第五，坚持依法立法和依需立法。维护社会主义法制体系的统一，既要要遵循宪法和法律规定，贯彻不抵触原则，保证地方法规、行政法规与宪法、法律主旨相一致，又要赋予行政法规和地方法规制定主体以足够的权力，使其在法定权限内能充分发挥主动性。根据需要立法。要从地方实际情况出发，视实际需要进行立法，对国家已经制定法律、行政法规的，可以不制定实施办法就能够执行的，则无必要再制定，通过监督保障法律的有效执行；如果确实需要制定实施办法的，要避免严格结合实际，制定切实可行的实施办法，防止“小法抄大法”现象的出现。

第六，加强规范性文件备案审查工作。规范性文件的备案审查，是人大及其常委会的一项重要职权。要着力推进备案审查工作的制度化、规范化，不断提高工作实效。在备案审查中，对违反法律法规的规章及其他规范性文件要督促纠正，必要时予以撤销，努力解决“法出多门、政出多门”的问题，保证法律体系科学和谐统一，切实维护国家法制统一。

（二）加强科学立法，完善立法后评估机制

党的“十八大”报告对立法工作提出要推进科学立法，“完善中国特色社会主义法律体系，加强重点领域立法，拓展人民有序参与立法途径”。进一步完善立法体制和立法机制，统筹立法资源，提高立法质量，防止“立法腐败”；积极推进民主立法、科学立法，保障公众的立法参与，使立法更充分地体现人民的意志和党的主张，实现立法的“分配正义”；进一步加强社会立法、文化立法和权利保障立法，使中国特色社会主义法律体系的内容更加丰富、布局更加合理、体系更加完整；按照“一国、两制、三法系、四法域”的国情和实际，积极谋划构建“中国特色法律体系”，为中华民族的统一、强盛和伟大复兴提供坚实的法律基础；进一步加强和创新立法理论，推进法典化立法，统筹制定法律与修改法律，全面推行立法后评估，保证立法与政治经济社会文化的发展相适应、相协调。

党的十八届三中全会指出，“从各层次各领域扩大公民有序政治参与，充分发挥我国社会主义政治制度的优越性”，并要求“完善人大工作机制，通过座谈、听证、评估、公布法律草案等扩大公民有序参与立法途径”。激发全社会对立法的关注和参与，使立法活动在立法机关和社会公众之间形成良性互动，从而强化全民守法的内在动力，使法规能够得到全面有效的实施和遵循。继续推进民主立法、科学立法，不断完善法律体系。

第一，加强科学立法，提高公众参与度。提高立法的公众参与度，需要逐步探索和推进法律出台前评估工作。2013年旅游法草案提请审议表决前，部分全国人大代表、旅游者和旅游经营者、专家学者被邀参加座谈会，对法律草案内容的可行性、法律出台时机以及实施后的社会效果等进行综合评估，为立法决策提供参考。旅游法颁行后的实践证明，法律出台前的评估工作有利于把正向思维和逆向思维结合起来，既认真考虑法律执行部门的意见，也重视了法律适用对象和专家学者的意见，使得立法工作更加科学周全。提高立法的公众参与度，可以通过完善公布法律草案征求意见机制来实现。在向社会公布法律草案一次审议稿的基础上，明确法律草案二次审议稿也要向社会全文公布，继续广泛征求各方面意见和建议。同时，健全公众意见采纳情况反馈机制，积极回应社会关切。

第二，加强科学立法，完善立法后评估机制。扩大公众参与，对做好地方立法后评估工作具有重要意义。扩大公众参与，是民主立法的必然要求，立法后评估正是一条保障公众民主参与立法、表达诉求、凝聚共识的重要途径。立法后评估将公众作为评估的重要参与者，通过各种方式听取他们对法规的评价，让不同利益关系人充分表达各自的观点和理由，提出对该法规的意见和要求，保障公众享有对法规制定、修改或者废止的建议权和参与权。做好立法后评估、提高立法质量，切实需要扩大公众参与，以体现民情、汇集民意、集中民智，使制定的法律法规更加符合经济社会发展规律，使制定的法律法规能立得住、行得通、切实管用。在全国各地方开展的立法后评估实践中，公众参与日益受到重视，参与形式不断创新和丰富，作用发挥越来越好，但公众参与立法后评估的制度机制还需要进一步完善。在立法后评估工作中，要进一步健全民主开放包容的立法后评估工作机制，要完善立法机关主导，有关部门参加，人大代表、专家学者、企事业单位和人民群众共同参加的工作机制，使各方面意见和关切得到充分表达，调动一切积极因素，广泛凝聚社会共识。要进一步拓宽公众有序参与的途径，对已经形成的问卷调查、座谈会、听证会等行之有效的方式方法，要用好用足，还要积极探索新的方式，如公共调查、网络论坛等，拓宽公众参与的途径，为公众参与创造条件。要进一步健全公众意见征求、采纳和反馈机制，重视网络民意表达，认真归纳整理分析各方意见，积极回应社会关切。要充分发挥好人大代表作用，在立法后评估工作中更加注重发挥人大代表的特点、优势和作用，认真研究吸纳人大代表提出的意见。

（三）建立科学体系，提供法治考核依据

党的十八届三中全会明确提出要建立科学的法治建设指标体系和考核标准。建立科学的法治建设指标体系和考核标准对于建设法治中国、推进国家治理体系和治理能力现代化意义重大。一方面它作为法治中国建设实施机制的有效形式，可以防止、预警和纠正有损法治的现象，为社会发展法治化提供有效保障；而且是法治建设和社会管理科学化、精细化的必然要求，是实现国家治理体系和治理能力现代化的一个具体方法上的专业表现。法治量化评估立足于法治社会发展现状，用科学建构的数据体系检测、衡量、反映中国的民主、政治、人权保证的实际情况和发展进程，提高对中国法治现状建设成就和发展规律的认识的科学性和准确性，从而避免凭印象做法治框架评价，凭直觉做法治决策的弊端。

建立科学的法治建设指标体系和考核标准，出发点和落脚点是发展和完善中国特色社会主义制度，推进国家治理体系和治理能力现代化，保障全面建成小康社会，实现中华民族伟大复兴的中国梦。其特色在于既能对法治建设状况进行客观评价，又能充分发挥人民群众参与、评价、监督法治建设的作用。法治建设指标体系和考核标准应与法治中国建设目标、任务、要求保持协调一致，也就是坚持依法治国、依法执政、依法行政共同推进，坚持法治国家、法治政府、法治社会一体建设；深化司法体制改革，加快建设公正高效权威的社会主义司法制度，维护人民权益，让人民群众在每一个司法案件中都感受到公平正义。应坚持中国特色社会主义的基本立场，构建具有中国特色、中国风格、中国气派的法治指标体系和考核标准，增强对国际社会的影响力。

第一，建立科学的法治建设指标体系和考核标准应把握好五个结合。一是全面与特色相结合。既能评价执政党、立法机关、政府、司法机关法治化发展水平，也能评价经济、文化、社会、生态文明建设法治化状况；既能全面评价保障人权、维护社会公平正义的发展进程，又能全面评价保障民生、增进人民福祉的法治成效。二是客观与主观相结合。既能对法治建设进程作出客观评价，又能引导社会公众自觉参与法治建设，反映社会心理对法治的认知度，反映人民群众对法治建设的支持度与满意度。三是科学与简便相结合。既能全面、准确、科学地反映法治发展的现状和水平，又在指标数量上做到少而精，使指标体系的宏观构建和微观设计科学明确。四是实用性与适用性相结合。既能满足现实需求，又使考核方法、步骤、结果分析等具有适用性，做到实用与适用有机统一。五是可计量与可比较相结合。指标体系既可计量、可操作，又可对不同地区的法治建设状况进行比较，做到可计量与可比较协调一致。

第二，建立科学的法治建设指标体系和考核标准需要规范标准程序。法治建设指标体系和考核标准应注重科学性、可操作性、实效性、衔接性，明确界定考核主体，采用职能考核为主、结合社会公众评价，统一组织、分级考核的考核方式。在考核过程中，应科学设定指标基本分，形成分值体系，明确考核主体组织指导协调职责，实行属地考核与上级考核相结合、主管部门评价与行业评价相结合。考核程序包括制定考核方案、自查总结、组织考核、委托专业调查机构开展社会公众抽样考核等。考核的标准、过程和结果应当公开，接受社会监督。

三、落实严格执法，加快法治政府主体建设

（一）加强政府廉政法治建设，提升执法主体形象，保障权力阳光运行

廉政法治是廉政建设历史经验的科学总结，是深入、持久、有效地开展反腐败斗争的必然要求。我国已从运动反腐、政策反腐全面过渡到制度反腐、法治反腐的阶段。党的“十八大”报告指出：“要坚持中国特色反腐倡廉道路，坚持标本兼治、综合治理、惩防并举、注重预防方针，全面推进惩治和预防腐败体系建设，做到干部清正、政府清廉、政治清明。”党的十八届三中全会《决定》进一步提出，要加强反腐败体制机制创新和制度保障，加强党对党风廉政建设和反腐败工作统一领导，改革党的纪律检查体制，健全反腐败领导体制和工作机制。这都是为了更好适应党风廉政建设和反腐败工作需要而提出的重大改革。

用法治思维和法治方式“反腐治权”，既要以法治和依法执政来维护和强化党领导和执政的权威性、合法性基础；又要坚持依法治国，用依法治国、依宪治国来建立国家和社会的法治秩序，把国家长治久安、社会稳定和谐、民族团结繁荣建立在法治的基础上；同时还要坚持人民民主，用法治的分配正义、执行正义和校正正义等机制，实现社会公平正义，保证人民安居乐业，充分实现人权。通过法治对党权、政权和民权的充分保障，实现坚持党的领导、人民当家做主和依法治国有机统一。

第一，健全反腐败法律制度。“完善反腐败方面的立法，真正形成惩治和预防腐败体系”是今后5年的立法重点。加强反腐败国家

立法，从制度设计层面堵住腐败漏洞，这是反腐的关键。我国应在短期内筹划加强反腐治权的立法力度，加快制定《中华人民共和国反腐败法》，并对《刑法》进行修改以进一步加大对腐败犯罪的惩罚力度，同时完善有关行政和经济法律，建立金融实名制度、遗产税与赠予税制度、公民信用保障号码制度以及反腐败国际合作制度等一系列科学的反腐败制度，形成中国特色的反腐败法律体系，从制度源头上堵住或减少公权力寻租的可能。通过系统、科学的法律规定，有效地预防和控制犯罪，使反腐工作具有长期效应，逐步形成以“打击”为基础，以“控制”为特征，以“预防”为重点的腐败综合治理体系，把腐败关进制度的笼子里、关进法制的笼子里。

第二，完善公职人员财产申报制度。公职人员财产申报制度是防止腐败发生的有效机制，是保障公民权利和监督制衡权力的起码底线，推行该制度不但可以有效强化公职人员自我约束，预防公职人员陷入利益冲突，更有助于提升政府的公信力。目前，虽然我国已经推行了领导干部报告个人财产及有关事项的制度，但适用的公职人员及财产范围较窄，受理机构不明确，报告程序不完善，对拒不申报、谎报、漏报、无故拖延申报者尚未建立系统的惩罚机制，对申报的事项缺乏有效的监督核查机制，对社会一般不公开，起不到良好的监督制约公职人员行为的作用。因此，为了彻底扭转反腐败工作的被动局面，2013 年，加快试点并建立科学严密的公职人员财产申报制度应成为反腐工作的重头戏。

第三，建立职务犯罪预防长效机制。习近平总书记强调：“预防职务犯罪出生产力。”2013 年，我国应高度重视职务犯罪预防，加强职务犯罪的个案预防、行业预防、系统预防，健全行贿犯罪档案查询管理体系，落实和完善年度报告、预防建议制度，实现预防职务犯罪工作的法治化，用法律法规的形式固定职能任务，增强预防工作的规范性，提升预防工作水平，“给权力涂上防腐剂”。

第四，创新权力制约与监督机制。新的一年，应加强党内监督、民主监督、法律监督、舆论监督的制度化建设，充分发挥社会力量在监督环节的重要作用，让人民监督权力。同时，完善多元化的反腐举报机制。依托新兴技术创新权力的制约监督机制，并将其制度化、规范化、程序化。坚持实事求是、依法办案，对涉嫌犯罪的坚决查处，对举报失实的及时澄清，对诬告陷害的依法追究。提高发现和查处腐败问题的能力，最大限度地压缩腐败空间，实现政府工作的透明化、公开化和廉洁化，努力形成结构合理、配置科学、程序严密、制约有效的权力运行与监督机制，让权力在阳光下运行。

（二）深化体制改革，规范执法程序，力推法治政府建设

法治政府，是指行政机关能自觉运用体现最广大人民根本利益的法律管理国家事务、经济文化事业和社会事务，按照合法行政、合理行政、程序正当、高效便民、诚实守信、权责统一的要求，做到有权必有责、用权受监督、违法受追究、侵权要赔偿。建设法治政府，推进依法行政，是我们党治国理政从理念到方式的革命性变化，具有划时代的重要意义。党的“十八大”报告明确提出到2020年“法治政府基本建成”的目标，习近平总书记也提出“坚持法治国家、法治政府、法治社会一体建设”的论断。但是，全国各地法治政府建设发展并不平衡，并且多问题频发，法治政府建设中的形式主义、政府信息公开程度离法定要求差距明显等现象尤其需要警惕。法治政府建设是一个系统工程，必须按照中央关于法治国家、法治社会、法治政府一体建设的要求，选准突破口，抓住关键点，着眼长远，稳步推进。党的十八届三中全会进一步强调要切实转变

政府职能，深化行政体制改革，创新行政管理方式，增强政府公信力和执行力，建设法治政府和服务型政府。推进法治中国建设，应当坚持依法治国、依法执政、依法行政共同推进，坚持法治国家、法治政府、法治社会一体建设；应当坚持党的领导、人民当家做主和依法治国的有机统一。就制度改革而言，深化行政执法体制改革和深化司法体制改革是建设法治中国的两大抓手和支柱。深化行政执法体制改革事关政府的行政职能，而行政执法是法治中国建设的关键。

第一，全面推进依法行政。依法行政是全面推进依法治国的中心环节，是深化政治体制改革的重要方面。“法治政府”的内在质性要求政府各项工作都必须尊重、遵守宪法和法律，严格按照法定权限和程序行使权力、履行职责。一是要加强行政立法工作。建立科学立法、民主立法、依法立法的制度和机制，进一步对行政立法进行规范，提高透明度。行政法规和规章草案，除依法不能公开的，都向社会公开征求意见，创造条件让公众广泛参与，使立法更好地体现人民意愿。二是要完善行政执法程序。根据有关法律、法规、规章的规定，对行政执法环节、步骤进行具体规范，切实做到流程清楚、要求具体、责任明晰、期限明确。组织行政执法机关对法律、法规、规章规定的有裁量幅度的行政处罚、行政许可条款进行梳理，根据当地经济社会发展实际，对行政裁量权予以细化，能够量化的予以量化，并将细化、量化的行政裁量标准予以公布、执行。三是要深化行政执法体制改革。继续推进相对集中行政处罚权和综合行政执法试点工作，建立健全行政执法争议协调机制，从源头上解决多头执法、重复执法、执法缺位问题；同时建立行政执法依据、权限、过程、结果等公示制度，建立监督检查记录制度，完善行政处罚、行政许可、行政强制、行政征收或者征用等行政执法案卷的评查制度，以遏制“暗箱”操作和执法腐败。四是要推行行政执法责任制。对于违法行使职权或行使职权不当的，要依法追究其责任；对于损害群众利益的，要依法给予赔偿。五是不断提高各级公务员依法行政的意识和能力，提高各级领导干部运用法治思维和法治方式深化改革、推动发展、化解矛盾、维护稳定、建设法治政府的能力，在法治轨道上深化行政体制改革。六是进一步加强和改进制度建设，完善政府立法工作，消除部门立法色彩，健全规范性文件制定和发布程序，建立规章和规范性文件评估和清理制度，强化法规规章和规范性文件备案审查。七是进一步加强行政执法队伍建设，保证严格、公正、文明执法，完善行政执法体制和机制，健全行政执法程序，规范行政执法行为。八是坚决预防和惩治行政腐败，不断强化行政监督和问责，切实增强行政监督效能，大力推进政府信息公开。九是坚持依法化解社会矛盾纠纷，健全社会矛盾纠纷调解裁决制度，完善行政复议制度，认真做好行政应诉工作。以此，有力推动行政权力规范运行，推进政府建设和行政工作法治化、制度化。

第二，推进行政审批制度改革。行政审批制度改革是建立“服务型政府”内在要求，是“简政放权”的关键举措，是对政府与市场边界进行实质性调整的必要手段，其有利于“政府职能向创造良好发展环境、提供优质公共服务、维护社会公平正义转变”。2012年出台的《国务院关于第六批取消和调整行政审批项目的决定》取消和调整了314项在投资、社会事业和非行政许可审批项目等领域，特别是在民间投资、资本市场以及支持小微企业发展等领域的行政审批项目，取得了一定成效。但是，当前中央及地方相关部门改革进度滞后、力度不足，甚至出现变相设置审批项目，巧借名目新设审批事项等现象。新的一年，我们认为应以以下四个方面为重要抓手，推进行政审批制度的改革。一是建立动态监管制度。各地各部门要及时出台改革时间表和督促监管举措，实时报告改革进度，并由上级机关组织专门人员对工作落实情况进行监督，辅之以纠正、责任及惩罚机制，确保改革措施落实到位。二是优化行政审批运行体系。要防止取消和调整的行政审批事项反弹，实行行政审批编码管理，加强行政审批标准化建设，提高行政审批一体化运作水平，进一步完善政府部门内部机构设置，进一步规范行政程序，加快行政审批系统建设。三是提高行政审批效率。要充分发挥集中行政审批的优势，优化部门内部审批机制，进一步厘清部门职责权限，积极扶持社会发育，适当转移适合事业单位和社会组织承担的事务性工作和管理服务事项，实现精简机构、提高效率的目标。四是建立审批项目清理工作长效机制。适时筹划开展新一轮的行政审批项目清理工作，按照现实需求和改革目标提出取消和调整建议。

第三，建立健全重大行政决策程序制度。进一步健全行政决策制度，完善科学民主依法决策程序，建立重大决策跟踪反馈和评估制度。对于可能影响到决策机关所辖区域内数量众多的公民、法人和其他组织利益的重大行政决策，应加快建立及完善包括重大行政决策公示、听证、专家论证、风险评估、合法性审查、集体决定、实施情况后评估和行政决策责任追究等内容在内的决策程序制度体系，将其上升为法定的必经决策程序，强化依法规范行政决策，杜绝行政机关擅权专断、滥用权力，增强行政决策透明度和公众参与度，提高行政决策的民主性与正当性，规避决策风险。

第四，加强政务公开建设。将政府工作流程按照政务公开的要求全面重构，政府活动坚持以公开为原则、不公开为例外。大力推进重点领域政务公开。全面公开公共服务项目的政府信息，确保公众的平等使用权；细化公共财政、政府采购、政府投资工程的公开项目，遏制腐败；推进环境保护、食品安全监管领域政府信息公开，督促监管部门履行职责。完善依申请公开的程序建设。放宽申请资格限制，简化申请程序，统一答复流程，确保应当公开的一律依法公开。健全电话专线、网站、信函和来访等政务信息渠道，完善各级政府政务服务中心、档案馆和公共图书馆等场所设立的政务信息公告栏和电子信息屏等设施，为公众查询政务信息提供便捷服务。各级政府和政府职能部门要按照“首问责任制”和“限时办结制”的要求，认真办理和解答公众查询事项。对存在不履行主动公开义务，不积极开展政务信息查询服务工作，不提供或不及时更新政务信息目录，对符合法定条件的申请人隐瞒或者不提供应当公开的政务信息，公开属于不予公开范围的政务信息，有偿或变相有偿的方式提供本机关已经决定予以公开的政务信息，故意提供虚假政务信息或在提供政务信息时违反有关规定收取费用等情形的，应当进行问责及惩罚，以此加快“透明政府”建设。

第五，推进政府绩效管理。加快完善行政绩效评估标准、指标体系、评估机制和评估方法，构建全面、科学、高效、准确的绩效管理平台，有效引导和督促各级政府和工作人员树立正确的政绩观，推动政府管理科学化、精细化、规范化。加强行政绩效监督检查，特别是要让广大群众参与政府绩效考评，充分听取人民群众意见。要注重运用绩效考评结果，严明奖惩办法，加快完善责任追究制度，以此有效提高政府的公信力和执行力，倒逼其依法依规用权。

四、探索顶层设计，全面推进司法改革深入

司法层面，深化司法体制改革，实现司法独立，发挥司法在法治发展中的重要作用。

深化司法体制改革和深化行政执法体制改革是推进法治中国建设的两大支柱。深化司法体制改革事关人民法院和人民检察院的司法职能，而公正司法是法治中国建设的正义防线。继续深化司法体制改革，保证司法独立，实现公正司法。司法体制改革是中国政治体制改革的重要组成部分，是全面推进依法治国的重大举措，是全面实施宪法和法律的重要基础。

第一，立足国情，深入调查。立足国情，借鉴国外先进经验，深入研究和确立中国特色的司法理论，为中国新一轮司法体制改革提供科学理论指导；在深入调查研究的基础上，对司法改革成效进行深刻反思和全面评估，总结经验，修正错误，矫正偏差，调整思路，为深化司法体制改革提供实践依据。根据党的“十八大”的战略部署和十八届三中全会《中共中央关于全面深化改革若干重大问题的决定》对深化司法改革的着重要求，结合政治体制改革和全面推进依法治国的新形势和新要求，做好新一轮司法体制改革的顶层设计和科学规划。

第二，理顺各类关系。根据宪法的政治架构和社会主义法治原则，从体制、机制和法律上理顺并处理好一系列重要关系。主要包括：人大与司法的宪法关系，政法委与司法的政治和法律关系，公众、媒体与司法的民主和法律关系，公、检、法三机关之间的宪法和法律关系，司法机关上下级的法律关系，保证各类主体恢复其宪法法律、政党政治和社会监督的角色，使它们各归其位、各司其职，

确保审判机关、检察机关依法独立公正行使审判权、检察权。在法院和检察院内部，要尽快建立和完善保障法官、检察官依法独立行使职权的权责利相统一的体制机制，真正做到有职有权、独立行使、权责统一、高效权威，从根本上树立和维护人民法院、人民检察院的司法公信力。

第三，确保审判权依法独立行使。审判权依法独立行使是实现司法公正的前提，也是重塑司法权威的重要方式。首先，要进一步深化改革，改变当前司法人事、财权受制于地方的现状，保证司法机关人、财、物由中央统一配置，阻隔司法与地方以及一些行政机关的复杂关系，确保司法在外部上相对独立，舒缓审判权依法独立行使的外在压力。其次，要消解法院系统行政化运作方式，保证法官独立判断。法院不同于行政机关的重要之处在于，行政机关之间和公务员之间要遵从下级服从上级的要求，而法院之间和法官之间则是监督关系，不应存在这样的要求。要逐步改革法院之间和法院内部的运作方式，营造法院内法官独立判断机制，有效排除不当因素对审判工作的干扰。

第四，构建司法终结涉诉涉法矛盾纠纷的良性循环机制。宪法和法治是人类政治文明发明的解决社会矛盾纠纷的最好机制和方式。在宪法原理和法治思维下，矛盾纠纷解决的终结机制主要由纵横两方面构成。在横向结构上，通过宪法对国家权能做出立法权、行政权、审判权、法律监督权等的分工，把终结矛盾纠纷的权力赋予审判权（司法或者法院）；在纵向结构上，通过在审判权内部设置两审或者两审以上的审级制，把终结矛盾纠纷的权力赋予终审法院。要逐步消除现有的社会矛盾纠纷解决终结权既不在司法也不在终审法院的现状，改善国家权力职能分工紊乱、民众诉求紊乱和社会秩序紊乱的现象。要坚持宪法原则和法治思维、法治方式，进一步深化司法体制改革，高度重视发挥司法作为解决矛盾纠纷最后一道防线的功能，把涉诉涉法信访全盘纳入法制轨道，依照程序法和实体法解决和终结矛盾纠纷，重建司法终结社会矛盾纠纷的良性循环机制不断强化司法公信力和权威性。

第五，增强司法的透明度和公开性。司法公开是衡量法治发展的标尺，是法治社会的本质要求。司法公开是一项宪法原则和基本诉讼制度，是促进司法民主的重要基础，是实现司法公正的基本保障，是树立司法公信的重要途径。进一步增强司法的透明度和公开性，强化司法的民主性和专业化，消除司法的行政化、地方化、官僚化倾向，充分发挥司法在国家和社会治理中的救济作用。2014年，应进一步提高司法机关网站建设水平，充分实现裁判文书上网公开制度化、集约化，不断完善司法机关在线服务的功能，推广司法透明指数及指标体系，继续推进“阳光司法”。

第六，正确理解和执行“调解优先、调判结合”工作原则。新的一年应紧紧围绕矛盾化解，创新和完善司法调解机制，妥善审理各类民事、行政案件，努力做到定分止争、案结事了。应着力完善诉讼与非诉讼相衔接的矛盾纠纷解决机制，进一步优化调解工作机制，促进完善“大调解”工作体系，建立社会矛盾排查梳理、分析研判、沟通协调和案件风险评估预防等化解矛盾长效机制。

第七，加强司法便民利民工作。应在立案、审判、执行各个环节进一步采取措施，如加强立案信访窗口建设，推广巡回审判方式，为群众诉讼提供更大便利，最大限度降低诉讼成本，减轻群众讼累，最大限度满足人民群众司法需求，更加有效解决诉讼难、执行难问题。扎实开展诉前调解、小额速裁等工作，尽快为群众解决矛盾纠纷。加强司法救助工作，使经济上确有困难、诉讼能力不高的群众能够依法维护自身权益。完善民意沟通机制，坚持司法下基层，广泛听取群众意见，不断改进工作，更好地回应民众的利益诉求，保障公众对司法事务的知情权、参与权、表达权和监督权。

五、完善法治理念，重点突出人权保障实现

党的“十八大”报告明确提出，到 2020 年全面建成小康社会时，要实现“人权得到切实尊重和保障”的目标。十八届三中全会《中共中央关于全面深化改革若干重大问题的决定》把“完善人权司法保障制度”作为在历史新起点上推进法治中国建设和深化司法体制改革的一项重要任务，具有重大的现实意义和深远的历史意义。坚持完善人权司法保障制度，是贯彻落实党的“十八大”报告将“人权得到切实尊重和保障”确立为全面建成小康社会和深化改革开放重要目标的重要部署，是推进法治中国建设和深化司法体制改革、顺应广大人民群众对司法公正为民新期待的重大举措。我国长期以来高度重视人权立法、执法、司法和宪法的保障，重视生存权、发展权与公民政治权利、经济社会文化权利的全面保障，重视对老人、妇女、未成年人、残障人、被告、囚犯等弱势人群的特别保障，在实践中取得了举世瞩目的成就。但是，毋庸讳言，与我国人权的立法、执法保障建设相比较，我国的人权司法保障制度建设还有一些需要改进和完善的地方。正因为如此，《决定》对到 2020 年全面建成小康社会时，如何在法治中国建设和深化司法体制改革过程中完善人权司法保障制度，从进一步规范查封、扣押、冻结、处理涉案财物的司法程序，健全错案防止、纠正、责任追究机制，逐步减少适用死刑罪名，废止劳动教养制度，健全社区矫正制度，健全国家司法救助制度，完善法律援助制度，完善律师制度等八个重要方面，作出了改革部署，明确了改革重点，是未来推进人权司法保障制度不断完善的重要指引。

第一，必须更加重视尊重和保障人权。“国家尊重和保障人权”已经庄严写入我国宪法，成为一项重大的宪法原则。人权司法保障是人权宪法保障的重要组成部分，必须从维护宪法权威、推进依法治国的高度，进一步采取有效措施，深入推进司法体制机制改革，继续加强人权立法工作，不断充实和完善中国特色社会主义人权法律体系，规范司法行为，更好地为尊重和保障人权提供司法保障，为实现社会公平正义作出积极贡献。

第二，进一步规范查封、扣押、冻结、处理涉案财物的司法程序，依法保护公共财产和公民私人所有的合法财产。充分考虑涉案财物的判决与处理当事人及有关社会公众的切身利益，明确可及时返还被害人的财产范围，加强对涉案财物处置的法庭调查，重视案外人提出的权属异议，完善涉案财物的处理程序，切实保障被害人和财产所有人的合法权益。

第三，健全错案防止、纠正、责任追究机制，严禁刑讯逼供、体罚虐待，严格实行非法证据排除规则，依法保障犯罪嫌疑人、被告人和罪犯的权利，防止无罪的人受到刑事法律追究，防止有罪的人受到不公正的处罚。采取有力措施，完善工作机制，推进司法公开，规范刑事和行政强制措施，健全证据、辩护、侦查措施、强制措施、审判程序等具体制度，进一步有效约束、规范国家的刑事司法权力运行，预防、减少侵犯人权的行为。健全防止冤假错案的制度保障，加强对遏制刑讯逼供和其他非法取证行为的制度设计，明确不得强迫任何人证实自己有罪，强化证人出庭作证制度，保障犯罪嫌疑人、被告人的辩护权，推进执法规范化建设。强化责任制，严格落实错案追究制，提高司法工作人员责任意识和业务素质。强化对司法工作的监督制约，进一步完善诉讼当事人、参与人的权利义务告知制度，加强社会监督。逐步减少适用死刑罪名，进一步严格控制和慎用死刑。

第四，废止劳动教养制度，完善对违法犯罪行为的惩治和矫正法律，进一步规范强制措施的适用，完善强制措施的解除和变更程序。通过法定程序，对劳动教养制度予以废止。加强对刑罚执行和监管活动的监督，适当减少监禁刑的适用，明确适用非监禁刑案件的范围。健全社区矫正制度，丰富社区矫正、教育矫正和帮困扶助措施。

第五，健全国家司法救助制度，完善法律援助制度，努力使合法权益受到侵害的弱势群体当事人都能充分运用法律手段维护自己合法权益，保障公民基本人权、维护社会正义。强化司法救助的政府责任，积极开展司法救助，完善刑事被害人权益保障体系。明确法律援助的范围、标准、实施程序以及法律援助各方的权利义务、法律责任，做好法律解答咨询，办好法律援助案件。

第六，完善律师执业权利保障机制和违法违规执业惩戒制度，加强职业道德建设，发挥律师在依法维护公民和法人合法权益方面的重要作用。重视发挥律师参与刑事诉讼、维护人权的作用，保障律师在执业活动中的人身权、辩护权和辩论权。积极推进律师制度改革，完善律师结构，加强行业自律。

六、普及法制宣传，树立公众正确法治认识

法治，是一个动态、发展的过程，是治国理政的基本方式。对

法治的认识，应当始终从实际出发，坚持全面、科学的法律思维。法治认识的形成与树立，最关键的是法治思维。2010 年 10 月 10 日，《国务院关于加强法治政府建设的意见》首次提出："切实提高运用法治思维和法律手段解决经济社会发展中突出矛盾和问题的能力。"2012 年 11 月，党的"十八大"报告明确要求："提高领导干部运用法治思维和法治方式深化改革、推动发展、化解矛盾、维护稳定能力。"十八届三中全会的《决定》，再次强调要"坚持依法治理，加强法治保障，运用法治思维和法治方式化解社会矛盾"。因此，要树立公众正确的法治认识，应当从多层次、多角度出发，深入开展法制宣传教育，弘扬社会主义法治精神，树立社会主义法治理念，增强全社会学法、尊法、守法、用法意识，实现"全民懂法、全民守法、全民用法"。

第一，完善信息公开制度。法治的核心在于宪法和法律的实施。社会主义法律的实施，一般分为执法、司法、守法和法律监督。公众对法治的了解程度与其所获取的执法、司法等信息密切相关。完善执法程序、执法结果、司法审判等相关信息的公开制度，不仅有利于实现执法、司法的透明化，从客观上规范执法与司法程序的运行，而且有利于公众对相关法律事件信息的及时获取，减少无谓的揣测，形成客观、正确的法治认识。

第二，建立健全合理的新闻传媒、网络舆论监管制度。十八届三中全会的《决定》提出："健全坚持正确舆论导向的体制机制。健全网络突发事件处置机制，形成正面引导和依法管理相结合的网络舆论工作格局。整合新闻媒体资源，推动新闻发布制度化，规范传播秩序。"舆论监督与法治建设密切相关，合理的舆论监督能有效推动司法公正的实现，但是过度或者不恰当地进行舆论报道，就会使舆论干预司法，影响司法公正的实现。合理的新闻传媒、网络舆论监管制度，同样注重中国法治建设的宣传广度和力度，引导公众形成科学的法治思维，树立正确的法治认识。而树立科学的舆论监管观念，健全坚持正确舆论导向的体制机制，最有效的途径为敦促相关法律尽快出台，以此既为互联网舆论监督提供法律保障和政策支持，也能敦促互联网舆论向健康有序方向发展。

第三，健全全民普法机制。正确的法治认识，以公民对法律的了解和正确认识为基础。法制宣传教育是提高全民法律素质、推进依法治国基本方略实施、建设社会主义法治国家的一项基础性工作。加强法制宣传是当前贯彻落实十八届三中全会重要思想的需要，是推进各项依法治理、建设法治中国的重要举措。充分认识加强法制宣传教育是一项长期的任务，必须持之以恒、常抓不懈。首先，健全普法机制应当落实科学发展观，促进和保障经济、政治、文化和社会建设全局和战略的高度，充分认识加强法制宣传教育的必要性和重要性，进一步增强做好法制宣传教育工作的自觉性和使命感，不断推动法制宣传教育活动深入开展，在全社会树立社会主义法治理念、弘扬法治精神、普及法律知识、增强法治观念。其次，健全普法机制要正确认识和处理法制宣传教育和依法治理的关系，更好地为社会、为群众服务。教育和治理是紧密相连的，只有把法制宣传和依法治理相结合，才能使法律得到正确实施。要按照依法治国基本方略要求，全面推进多层次、多领域的依法治理工作。要推进科学立法、严格执法、公正司法、全民守法，坚持法律面前人人平等，保证有法必依、执法必严、违法必究。

后　记

2014 年 2 月 22 日，由中南财经政法大学法治发展与司法改革研究中心与检察日报、人民检察杂志社、正义网联合发起的“2013 年度法治发展综合评估项目”顺利结项，项目成果发布会在京举行。此蓝皮书是该项目的成果集结。

在其即将付梓之际，全体编纂人员充满喜悦与感动。它汇聚着社会各界对于中国法治发展的热切期盼与不懈努力，是一本凝结着对于 2013 年“法治中国”实践的反思之作，更是一本沉淀着全体人民“法治中国梦”的愿景之作。该书的完成，得到了各界广泛支持，感激之情，无以言表。

感谢参与“2013 年度法治发展综合评估项目”的评审委员会专家委员：吉林大学资深教授张文显，最高人民法院副院长江必新，教育部党组成员、国家教育行政学院院长顾海良，中南财经政法大学知识产权研究中心主任、教授吴汉东，中国人民大学党委副书记兼副校长王利明，中国政法大学校长黄进，教育部社会科学司副司长张东刚，教育部科学技术司司长王延觉，国家发改委副秘书长范恒山，泰康人寿保险股份有限公司董事长兼首席执行官陈东升，中南财经政法大学党委副书记齐文远，中南财经政法大学副校长姚莉，中南财经政法大学教授、博士生导师方世荣，北京市人民检察院副长、中国人民大学教授甄贞，中国人民大学法学院院长韩大元，北京师范大学刑事法律科学研究院院长赵秉志，中国政法大学诉讼法学研究院院长卞建林，长江学者、《中国法学》总编张新宝，中国法学会研究部主任方向，长江学者、武汉大学法学院教授汪习根，福星集团控股有限公司总裁谭少群，华永集团董事长李勇，中国农业银行股份有限公司北京市分行党委书记、行长易映森，中浩集团公司董事长孙来福，湖北中烟公司总经理彭明权，中国劲酒—劲牌有限公司董事长吴少勋，武船重型工程股份有限公司董事、总经理杨少稀，枝江酒业董事长蒋红星。

感谢参与“2013 年度法治发展综合评估项目”发布会的专家学者：中南财经政法大学校长、教授杨灿明，检察日报社社长李雪慧，检察日报社总编辑钱舫，检察理论研究所副所长谢鹏程，北京师范大学刑事法律科学研究院教授、中国犯罪学研究会副会长吴宗宪，中国社会科学院法学研究所研究员熊秋红、刘仁文，国家检察官学院教授徐鹤喃，民主与法制杂志社总编辑刘桂明，法制日报社法制资讯总编辑蒋安杰，教育部装备中心、中南财经政法大学教授徐立，辽宁大学特聘教授、研究员涂永前，中国农业银行北京市分行办公室主任余国文，湖北中烟工业有限责任公司张雅，泰康人寿保险股份有限公司法律部高级经理陈琛，中国神华能源股份有限公司董事会秘书黄清，德勤咨询（北京）公司总监马立等。

还要感谢“法治发展综合评估项目”组委会全体成员！感谢关注支持“法治发展综合评估项目”的新闻界朋友们！感谢广大网民的热情参与！感谢知识产权出版社的编辑刘睿、文茜等同志。从项目方案酝酿到成果铅字飘香，氤氲其中的是无数人对于“法治中国”建设的坚定信念和执着守望，这定会是一项有决意、有创意、有深意的活动。

“年度法治发展综合评估”发布会已于2013年、2014年连续成功举办两届，产生了良好的社会效应。“法治中国”建设路漫漫，我们定会不忘初心，相信这项承载着社会各界广泛关注的正义事业，必将持续为“法治中国”建设添砖加瓦。

徐汉明

2014年7月